発達に困難をかかえた人の
生涯発達と地域生活支援

——児童の福祉と教育の連携のために——

高橋　実　著

御茶の水書房

はじめに

　筆者は、1983年に障害児教育専攻の大学院を修了ののち、東京都にある生活実習所という重度心身障害者の通所施設に心理技術職として就職した。当時は、1981年の国際障害者年を受けての世界行動計画が世界の国々で実施されはじめた時代であり、障害者福祉を向上させようという機運が日本でも盛り上がってきている時代であった。

　生活実習所という施設は、東京都が全国より5年早く実施した障害児の全員就学に伴って1974年につくられた都独自の通所施設である。それまでの知的障害や肢体不自由などの重度障害児は、就学猶予という名目で学校教育を受けられない状態が続いていた。こうした重度障害児は、児童学園という学齢期の通園施設に通っていた。その児童学園が、養護学校への全員就学に伴い、就学前の障害児を受け入れる児童学園と学校卒業後の障害者を通所させる生活実習所（当時の職員が議論を重ねて創った名称である）に分かれることになったのである。

　1974年当時の東京都は美濃部革新都政の時代であり、生活実習所は、重度の知的障害者や重度の身体障害者を分け隔てなく受け入れるため、国の制度によらない都独自の障害者施設として設置され、地方の障害者施設では考えられない手厚い職員配置で運営されていた。

　しかし、そんな手厚い人員配置でも、どんな援助が望ましいのか、その援助論は全く未開拓であり、ましてや心理職としての仕事の内容は、自分なりにつくっていかざるを得ない暗中模索の状況であった。当初は、自分なりの仕事を創っていくことにやりがいも感じていたが、年月が経つにつれ、仕事もマンネリとなってきていた時期に、生涯発達心理学について学んだことが、大きな転機になった。

　人間は、生涯に渡って発達し続ける可能性があり、成人期は変化のない平坦な時代では決してないことが、データに基づき論じられていた（高橋恵

子・波多野誼余夫、1990)。こうした変化は、もしかしたら日々かかわっている障害者でもいえるのではないか。実際、生活場面でかかわっていると成人期になっても生活能力がどんどん伸びていく障害者に数多く出会っていた。しかし、発達検査(新版K式発達検査を用いていた)で測るような知的な能力は、ほとんど変化がないものと考えていた。そんな折、ケース会議のために再度発達検査を行ってみたところ、測定誤差とは思えない発達的変化がみられたのであった。このことに勇気づけられ、他の障害者にも再検査をしてみたところ、軒並みの発達的変化をみることができたのであった。

またその頃、こうした重度障害者の豊かな人間発達や生活保障を考えた時、それを保障するための制度やトータルな生活支援のシステムが是非必要であることに気づき、社会福祉について、もっと学ぶ必要性を感じた。筆者が社会福祉学会に入会し、障害者の生涯のライフサイクルを見通した地域生活の支援について考え始めたのは、ノーマライゼーションの理念が日本にも浸透してきた1990年前後であったように思う。

ちょうどこの頃、1989年にわが国最初のグループホームの制度が創設された。この制度は、ノーマライゼーションの実現のために長年入所施設で暮らしていた知的障害者を地域で生活できるように援助していた全国のいくつかの入所型知的障害者施設での実践をモデルにしたと伝えられていた。その一番のモデルとされていたのが、障害者がもっともたくさん地域でくらしているとされていた北海道伊達市での実践モデルであった。

グループホームの制度は、後に宮城県知事となられた浅野史郎氏が、当時の厚生省の障害者福祉課長であったときに尽力して創設されたと伝えられていたが、その浅野史郎氏が北海道庁に出向していたときこの伊達市の実践を目の当たりにし、厚生省に戻ったことがきっかけであったようである。

筆者もこの北海道伊達市の実践に非常に興味があり、全国障害者問題研究会の機関誌であるみんなのねがいに「地域に生きる」というルポルタージュの連載の機会を得、最初に取材したのがこの伊達市であった。雑誌の取材ということで、職員の方々に障害者の職場やグループホーム、知的障害者の入所施設太陽の園、地域生活支援の拠点となる伊達市立通勤寮などをくまなく案内していただいた。この時も地域のグループホームで暮らす障害者がどの

ような支援を受けて地域生活をしているかとともに、生涯に渡ってどのように発達しているのかについて調べることにした。そこで、3日間泊めていただいた太陽の園の宿舎で彼らの数十年にわたる実践記録を読ませていただき、まとめることができた。本書の最終章に掲載した部分は、その取材に基づくものである。

その後筆者は、10年間勤めた東京都杉並区を退職し、大阪の障害者作業所と精神薄弱者（現在は知的障害者）更生相談所の非常勤の心理相談員として仕事をする傍ら、京都大学教育学部の故田中昌人教授の研究生として、障害者の発達に関する実践的な研究を行うこととなった。この当時の問題意識としては、もっとも対応が困難であった自閉症者の支援の手がかりを得ることであった。

この時期、300人以上の障害者に発達検査を実施するとともに生活・就労支援の相談に乗る仕事をすることになった。その中で気づいたことは、自閉症者の支援の困難は、生活経験のなかで獲得してきた比較的高い能力的な力と自己の育ちの未成熟さとのアンバランスが周囲に理解されにくいという事実であった。そこで、自閉症者の未成熟な自己の発達をいくつかの段階に区分し、その社会的行動との関係を分析する研究を行った。そして、養護学校（現特別支援学校）の教員、障害者施設の職員と自閉症者の幼児期から成人期にかけての自己の発達段階に分けて、長期的視点にたった事例検討を行った（高橋他、1999）。

その後、知的障害者通所授産施設で常勤の指導員を2年間行った後、1997年から広島県福山市の公立短期大学で保育士養成の仕事に携わることになった。ここでは、大阪の時代に通信教育を受けて取得した社会福祉士の資格が活きて、社会福祉関連の授業を担当することとなり、研究の領域が就学前の子どもの領域にシフトすることとなった。

そこで障害児者の福祉施策やソーシャルワークの問題について研究し、整理していく機会に恵まれた。また保育現場では、いわゆる「ちょっと気になる子」の増加が問題となっていた。教育現場においては、2001年ころから文部科学省が特別支援教育ということばを用いるようになり、2007年から特別支援教育が実施されることとなった。筆者は、この頃から巡回相談員として

市内の小中学校にもかかわることとなり、就学前から学齢期の障害児にもかかわる機会を得たのであった。そして2004年には発達障害者支援法が施行され、知的障害を伴わない発達障害児の問題がクローズアップされてきた。

　本書は、筆者が上述の経歴のなかで、それぞれの時期に問題として論じてきた論考を障害児者とその家族のライフサイクルに沿ったかたちでまとめたものである。筆者のかかわりの多かった領域は知的障害児者であるが、就学前の時期は、障害の種類も特定できない場合が多く、しかも知的障害を伴わない発達障害児とのかかわりもあり、本のタイトルとしては「発達に困難をかかえた人」とした。

　発達に困難をかかえた人とその家族、そして保健・医療・保育・教育・福祉に携わる関係者が、地域生活を基盤にして、生涯発達という長期的な見通しをもち、より的確で総合的な支援を行うことができる契機のひとつに本書が少しでも貢献できれば幸いである。

参考文献
高橋恵子・波多野誼余夫　1990『生涯発達の心理学』岩波新書。
高橋実　1996「青年期自閉症者の自己認知と社会的行動──自我の誕生前後に視点をあてて──」『人間発達研究所紀要第10号』pp.78-94。
高橋実・森由利子・前田千秋　1989「成人自閉症の後方視的研究」『人間発達研究所紀要第12号』p.73。

発達に困難をかかえた人の生涯発達と地域生活支援

目　次

目　次

はじめに　i

第1章　人間の生涯発達と発達保障 …………………………… 3
　1．人間の生涯発達と発達保障　3
　2．成人期障害者の発達の事実　12

第2章　障害児者に対する施策の流れ ………………………… 21
　1．障害者の福祉と教育施策の歴史的変遷　21
　2．戦後の障害児教育・福祉施策の成立過程　25
　3．国連のサラマンカ声明と特別支援教育　29
　4．福祉と教育の連携の歴史と地域生活支援　35

第3章　乳幼児期の保育・療育と地域生活支援 ……………… 37
　1．保育所、幼稚園における統合保育の歴史　37
　2．発達に困難をかかえた子どもの増加の問題　38
　3．発達に困難をかかえた子どもの保育の課題　49
　4．発達に困難をかかえた子どもの生活と地域生活支援の課題　61
　5．発達に困難をかかえた子どもの豊かな育ちを保障する
　　　福祉と教育の連携　85

第4章　学齢期の教育と地域生活支援 ………………………… 93
　1．発達に困難をかかえた子どもの就学支援　93
　2．小中学校における特別支援教育　107
　3．発達に困難をかかえた子どもの放課後保障の現状と課題　110

第5章　青年・成人期における発達の課題と地域生活支援　119
　1．重度の知的障害を伴う青年・成人期自閉症者の自己認知と
　　　社会的行動の研究　119
　2．教育と福祉の縦の連携による成人期自閉症者の発達過程の研究　144

第6章　発達に困難をかかえた人の生涯発達を保障する
　　　　地域生活支援の事例と課題 …………………………… 179
　1．生涯を見通した地域生活支援の事例　179
　2．生涯発達を支援するためのケアマネジメントと生涯発達支援の課題　185
　3．障害者の権利条約と発達に困難をかかえた人の発達権の保障　197

おわりに　201

資料（障害者自立支援法）　202

発達に困難をかかえた人の
生涯発達と地域生活支援
―― 児童の福祉と教育の連携のために ――

第1章　人間の生涯発達と発達保障

1．人間の生涯発達と発達保障

（1）生涯教育と生涯発達心理学の提唱と発展

　科学や技術が日進月歩で新しくなる現代社会においては、人々の生活様式も時々刻々に変化し、学校で習ったことが一生そのままで通用する時代ではない。そこで、人間が生涯を通じて自己形成する機会を用意しようという理念のもとに、1965年12月、パリで開催されたユネスコの成人教育促進国際委員会の席上でポール・ラングラン（Lengrand. P.）が「生涯教育」という言葉をはじめて提唱した。生涯教育を展開していくためには、その学問的基礎として、人間の生涯にわたる発達の事実と理論の研究が重要となる。そこで、人間の生涯を誕生から死に至るまでの時間軸のなかで統一的に理解しようとする生涯発達心理学（life-span developmental psychology）の考え方が1970年、ドイツの心理学者パウル・バルデス（Baltes, P.）によって提唱された（子安1996）。

　それまで、発達心理学の分野では、多くの場合対象が青年期までしか想定されておらず、成人期及び老年期は、停滞または衰退の時期としてしか考えられていなかった。しかし、ドイツ系の生涯発達心理学の重鎮であるハンス・トーメ（Thomae, H.）によれば、「発達心理学のデータを概観すれば、人生のどんな時期においても一貫性と同様に行動の変化をも証明している。成人期の相互作用の複雑さが増大するという理由で、発達心理学の概念から成人期というステージを除外すれば、その最も前途有望な重要な視点や研究法の本質を奪うことになる（Baltes, P. 1979）。」として、発達心理学における成人期研究の重要性を強調した。

我が国でも、寿命が長くなり、①長い人生の成人期・老年期にあたる60年を個人の時間の流れのなかで扱う学問が必然的に求められるようになってきたこと、②人生のどの時期を生きる人々も自らの生き方に自覚的になってきたこと、③世代関係が大きく変化し、子育てを終えてもなお、子どもとの関係、親との関係を継続しなければならない現実が生じて来たこと（無藤他　1995）、などの理由から、人間の発達を生涯過程で考えようという気運が1990年代以降高まって来た。

このように、生涯発達心理学は、まだ新しい学問であるので、実証的研究は始まったばかりではあるが、徐々に知見が蓄積されつつある。ここでは、そのすべてをとりあげることはできないが、障害児者の支援目標としての人生の質（ＱＯＬ）を考える上で重要と思われるものをいくつか紹介してみたい。

（２）ビューラーの人間発達理論

生涯発達の見地からの初期の実証的研究として注目すべき研究を行ったのは、シャルロッテ・ビューラー（Bühler, C.）であった。彼女は、1920年代から30年代にかけて、ウィーン児童心理学研究センターの主宰者であったが、1940年政治的な理由でアメリカに移住し、研究を続けた（村田　1989）。

彼女は、202の伝記とそれに加えた統計的資料やインタビューによる資料の分析からライフサイクルを通した人間発達のモデルを提唱した（Bühler, C. 1968）。多くの伝記を検討すると、そのほとんどが、統一され、統合された基本原理に基づく内的一貫性を有しているように思われた。この基本原理は、人々の人生の中に浸透しているある種の期待から徐々に発展して来ているのではないかと推測し、これを彼女は本質的目的志向性（principle intentionarity）と呼んだ。

この本質的目的志向性は、若い人からは明確なものを見いだすことができず、50～55歳以上の人のインタビューと臨床的研究からのみ明らかになった。人々の人生は、いくつかの種類の目的志向性で充たされており、目的志向性は、全体的な感覚としての満足、完遂、成功の終結経験として定義される最終目標の実現へと方向づけられている。では、どのような目的志向性が効果

表1-1 ビューラー，C.による人間発達モデル

年齢段階	人生目標の決定
～15歳	人生目標が自己決定される前
15歳～25歳	人生目標の仮で準備的な自己
25歳～40、50歳	人生目標の自己決定がより明確で決定的となる時期
40、50歳～ 60、65歳	人生目標が実現したか、しなかったか、以前の人生を評価する
65歳～	人生目標の実現が、一定のまとまった評価として承認され、自己決定後の生活が、その評価と共に始まる段階 その生活は、安息、思い出、再度部分的に思いをやり直したい、失敗感、絶望感などの気持ち、あるいは病気や衰退とともに始まる。

出典：Charlotte Buhler, 1968 *Human Development*, 1 pp. 184-200 をもとに高橋が作成。

をもたらすのかを検討するため、53の伝記を詳細に検討し、人生の一般的構造を明らかにした。その全体的構造は、人生目標（life goals）を追及することによって達成される自己の人生の最終結論へ向かう自己決定の5つの段階によって構成されている。（表1-1）

そして、人生目標を志向する領域は、大きく分けると活動の領域、個人的な人間関係の領域、自己の発達の領域の3つがあり、それぞれの領域での目標実現のために必要な条件が4つずつある（表1-2）。これらの目標実現が65歳以降とされる第5段階における一定のまとまった評価の基礎となるのである。

理想的なケースは、目的志向性が個人の最大限の潜在可能性の実現をもたらすと考えられるが、実際は、ケースを概観すると、人生の最終段階で本質的にも相対的にも目標を実現したと喜んでいる人も本当に絶望的出来事であったと感じる人も少なかった。大多数の人は、あきらめの境地と呼ぶにふさわしい最終パターンを示していた。

この論文は1933年にウィーン時代に発表したものを、新しいデータと考え方に基づいて1968年に再述したものであり、19世紀後半から20世紀中盤にかけてヨーロッパ、アメリカで人生を送った人々のデータであろうと推測される。この間には、第1次世界大戦、世界大恐慌が起こっており、ほとんどの

表1-2 人生目標として企図された領域

領　　域	目標実現のために必要な条件	領域の特徴
活　　動	①要求充足 ②創造性の拡充 ③自己の限界への適応 ④内的秩序を保つこと	目標の実現は、活動に対する、要求、好み、適性、達成した業績や知識、自己の信念や価値観の適切さに依存していると思われる。 趣味的活動、職業的活動に関して目標の実現がみられるが、ほとんどの人々が職業的活動を決定的と見なしている。
個人的な人間関係	①愛情の対象を見いだすこと ②結婚関係の満足のいく発達 ③子どもとの関係 ④友人、知人、同僚、隣人との関係	
自己の発達	①自己を良い存在と感じ、自分を好きになる。 ②人として成長・発達していると感じる。 ③自分自身、自分が所属していると感じるものを受け入れることができる。 ④自己を信じ、自分が価値のある存在との感じたい。	しばしば、明確には自覚されていない。①〜④の内容は、それぞれ、活動の領域の①〜④の内容と対応している。

出典：Charlotte Bühler, 1968, *Human Development*, 1, pp. 184-200 をもとに高橋が作成。

人がこうした時代を経験していると考えられる。

　そうした異なった時代背景を考慮に入れても、ビューラー, C. のこの人間発達の理論は、現代の人々にも十分当てはめることのできるものであろう。人生の最終目標への達成感は、現代の人々ではどうなのか。自己の最終目標を達成したと感じることができる生活が保障されることが、よりよい人生の質（QOL）を保障することであると考えるならば、そのための社会的条件、個人的条件は、どういうものであるのか、が重要な検討課題として提起されるであろう。

		1	2	3	4	5	6	7	8
Ⅷ	円熟期								自我の統合 対 絶望
Ⅶ	青年期							生殖性 対 停滞	
Ⅵ	若い青年期						親密さ 対 孤独		
Ⅴ	思春期と青年期					同一性 対 役割混乱			
Ⅳ	潜在期				勤勉 対 劣等感				
Ⅲ	移動 性器期			自発性 対 誘惑感					
Ⅱ	筋肉 肛門期		自律 対 恥と疑惑						
Ⅰ	口唇 感覚期	基本的信頼 対 不信							

出典:エリクソン, E. 著、仁科弥生訳『幼児期と社会Ⅰ』p.351、みすず書房より転載。

図1-1　エリクソンの人間の8つの発達段階図

(3) エリクソンの発達理論とライフサイクル論

　人間発達を生涯にわたって理解しようとした理論の中でもっとも有名なもののひとつが、エリクソン（Erikson, E.）の理論である。彼は、フロイト派の精神分析学の立場から、人間を身体的・精神的・社会的・文化的・歴史的存在として多面的にとらえ、その統合としての自我を重視した。この発達理論は、心理社会的発達段階説と呼ばれている。フロイトが幼児期・児童期の経験の考察に焦点をおいたのに比べ、彼は人間の全生涯における発達を問題にし、生涯を8つの発達段階に分けた個体発達分化の図式を提唱した（Erikson, E. 1950）（図1-1）。

　この理論の特徴は、社会的、思想的自己の獲得というアイデンティティの概念を導入し、これを生涯研究の主題として追求したことである。エリクソンは、アイデンティティの最広義の規定として、①自己自身の斉一性及び一貫性、②自己の本質的部分が他者、共同体に共有されること、の二項を上げている。この概念は、子どもから大人への過渡期として自己を確立しつつ

ある青年の心理学的特徴を検討する際のキー概念として使用される場合が多かったが、近年の成人期研究の進展に伴い、身体的衰えの兆候と子どもの自立を経験する中年期や定年退職をむかえる老年期への移行期における自己意識の再体制化を検討する概念としても使用されるようになってきた（無藤他　1995）。

　さらには、ライフサイクルの概念とも相まって人間の内面的、人格的側面と歴史・社会的側面とを切り結ぶ概念として、社会学、政治学、歴史学等の社会科学にも影響を与えてきている（ハイメ・カスタニェダ・長島　1989）。実際、長寿化の進行にともない、家族内の世代間の関係はライフサイクルに沿って重層的に進行し、急速にすすむ社会変化とも複雑に交錯して、自己の再体制化をせまられる事態は、今後ますます増大してくることが予想される。

　すなわち、子どもは成長して自立し、親になる。それ以後、子どもの発達とともに親としての発達も始まる。さらには、その親の親である祖父母の世代は、孫の発達とその親の子育てのなかに自分のかつての子育て時代を投影し、再度自分たちの夫婦関係の見直しを行わざるを得なくなる。しかし現代においては、この時期まだ祖父母の世代が、健康で元気な場合が多い。さらに時間が経過し、祖父母の世代が高齢化し、健康が衰えて来る頃、その子どもの世代と祖父母の世代の親子の関係は逆転して来る。その時期からこれまで若い世代の世話を焼く存在から、若い世代によって世話になるという逆転現象による自己の再体制化をまたまた迫られることになるのである。

　また、激動しつつある現代社会においては、それぞれの世代が生きてきた時代によって、価値観も生き方も異なっており、世代関係のあり方そのものが、年を追うごとに刻々と変化しつつある。したがって、来るべき超高齢社会における世代間の関係や介護等の対策もこうした変化をある程度見通して考えて行く必要があると思われる。

　エリクソン. E. は、世代性という概念で、このようなライフサイクルにともなった世代間の発達の重層関係を表現し、世話される側の発達とともに、世話をする側の発達が同時相互的に起こることを示した。こうした発達の同時相互性の視点は、発達を生涯的スパンでとらえたとき初めて見えて来る視点であり、児童から青年期までの発達のみを扱っていた従来の発達観の見直

しをせまる非常に重要な視点である。

このようにアイデンティティとライフサイクルそして世代性の概念は、人の人生の内面の変化を歴史・社会の変化と切り結んで捉えることができ、社会的変化との関係で起こるさまざまな生活の危機を乗り切るための支援（すなわち社会福祉における支援）を検討する概念としても有効な概念である。

（4）重度知的障害児の発達研究から生まれた田中昌人の発達理論

田中昌人は、1956年から13年間、精神薄弱児（現 知的障害児）施設滋賀県立近江学園の職員として、重度の知的障害児や重症心身障害児の発達研究を行い、1970年からは京都大学教育学部に戻り、「可逆操作の高次化における階層―段階理論」を構築していった。この理論は、1960年代当時、教育不可能ということで「就学猶予」とされ、学校教育から排除されていた重度の知的障害児の教育権保障運動と結びつきつつ、理論構築がなされた。そして集団的実践研究を積み重ねていくなかで、「可逆操作の高次化における階層―段階理論」は、障害の有無や軽重に関係ない発達における普遍的な共通性をあきらかにするとともに、重度障害児を含むすべての人間の発達を保障する「発達保障論」の中核理論として発展していった。

田中は、人間が、自然や社会などの外界に働きかけ、取捨、選択、吸収、継承し、新しい活動や産物を創出しつつ、自分の本性を発達させていく過程で、「それ以上に分解―合成しないで、そこにみられる基本操作をもとに諸関係を分析―総合しようとするとき」のカテゴリーとして「可逆操作」という概念を創出した。そしてその可逆操作特性の弁証法的発展過程として人間発達の道筋を理論化していった。（図1-2）

人間が誕生して成人期に至るまでに、回転軸可逆操作（乳児期前半）、連結可逆操作（乳児期後半）、次元可逆操作（学童期前半まで）、変換可逆操作（成人期へ）という4つの階層があり、その階層には、それぞれ第1から第3までの発達段階がある。そして、その前の階層から次の階層への飛躍的移行をなしとげるための「新しい発達の原動力」がそれぞれの階層の第2の発達段階から第3の発達段階に生まれる。この4つの階層を「静かな法則性」、飛躍的移行の原動力の発生を「ダイナミックな法則性」と名付けた。

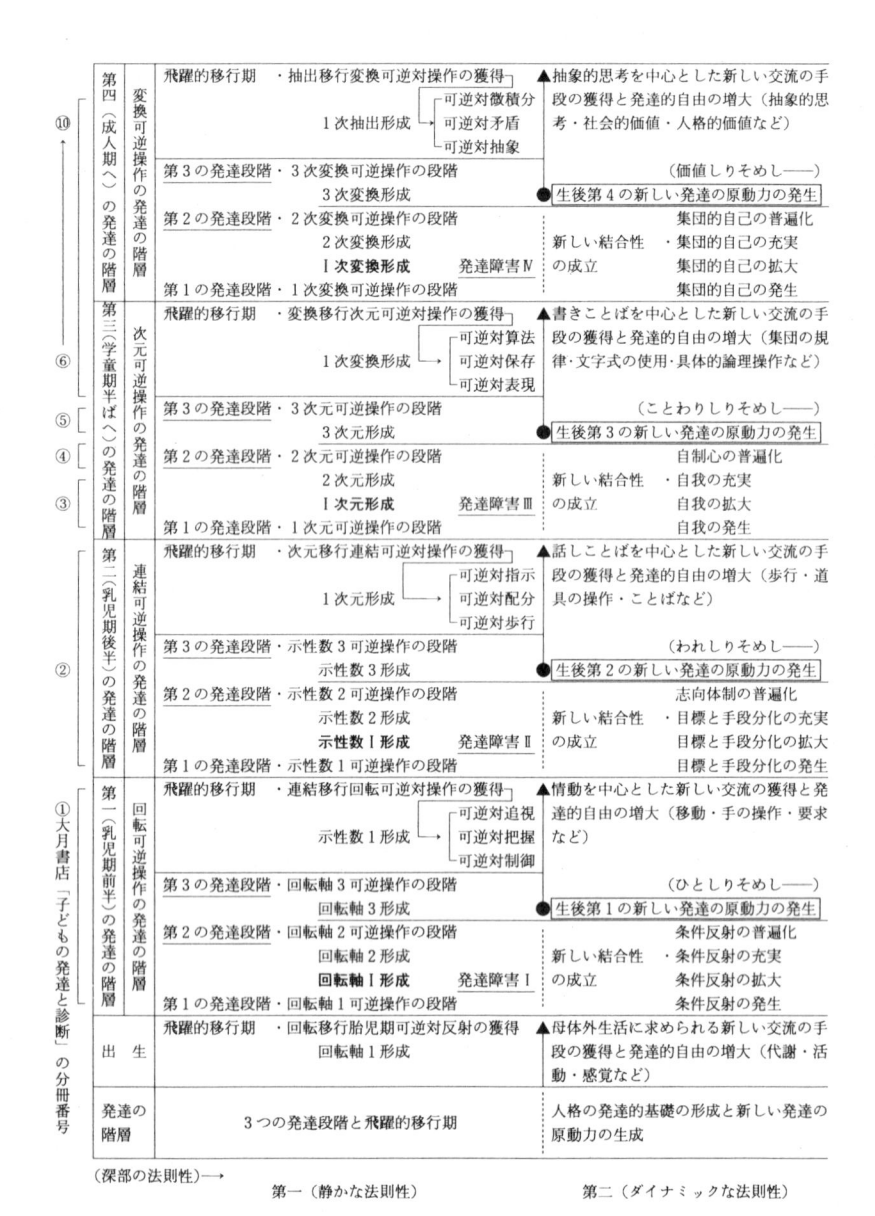

	発達の階層				
⑩ ↑	第四（成人期〜）の発達の階層	変換可逆操作の発達の階層	飛躍的移行期 ・抽出移行変換可逆対操作の獲得 　　　　　　　　　　　　　┌可逆対徴積分 　　　　　1次抽出形成　├可逆対矛盾 　　　　　　　　　　　　　└可逆対抽象	▲抽象的思考を中心とした新しい交流の手段の獲得と発達の自由の増大（抽象的思考・社会的価値・人格的価値など）	
			第3の発達段階・3次変換可逆対操作の段階 　　　　　　　3次変換形成	（価値しりそめし──） ● **生後第4の新しい発達の原動力の発生**	
			第2の発達段階・2次変換可逆対操作の段階 　　　　　　　2次変換形成 　　　　　　　**1次変換形成**　　発達障害Ⅳ 第1の発達段階・1次変換可逆対操作の段階	集団的自己の普遍化 新しい結合性・集団的自己の充実 の成立　　　集団的自己の拡大 集団的自己の発生	
⑥ ↑	第三（学童期半ば〜）の発達の階層	次元可逆操作の発達の階層	飛躍的移行期 ・変換移行次元可逆対操作の獲得 　　　　　　　　　　　　　┌可逆対算法 　　　　　1次変換形成　├可逆対保存 　　　　　　　　　　　　　└可逆対表現	▲書きことばを中心とした新しい交流の手段の獲得と発達の自由の増大（集団の規律・文字式の使用・具体的論理操作など）	
⑤			第3の発達段階・3次元可逆操作の段階 　　　　　　　3次元形成	（ことわりしりそめし──） ● **生後第3の新しい発達の原動力の発生**	
④ ③			第2の発達段階・2次元可逆操作の段階 　　　　　　　2次元形成 　　　　　　　**1次元形成**　　発達障害Ⅲ 第1の発達段階・1次元可逆操作の段階	自制心の普遍化 新しい結合性・自我の充実 の成立　　　自我の拡大 自我の発生	
②	第二（乳児期後半）の発達の階層	連結可逆操作の発達の階層	飛躍的移行期 ・次元移行連結可逆対操作の獲得 　　　　　　　　　　　　　┌可逆対指示 　　　　　1次形成　　　├可逆対配分 　　　　　　　　　　　　　└可逆対歩行	▲話しことばを中心とした新しい交流の手段の獲得と発達の自由の増大（歩行・道具の操作・ことばなど）	
			第3の発達段階・示性数3可逆操作の段階 　　　　　　　示性数3形成	（われしりそめし──） ● **生後第2の新しい発達の原動力の発生**	
			第2の発達段階・示性数2可逆操作の段階 　　　　　　　示性数2形成 　　　　　　　**示性数1形成**　発達障害Ⅱ 第1の発達段階・示性数1可逆操作の段階	志向体制の普遍化 新しい結合性・目標と手段分化の充実 の成立　　　目標と手段分化の拡大 目標と手段分化の発生	
① 大月書店『子どもの発達と診断』の分冊番号	第一（乳児期前半）の発達の階層	回転可逆操作の発達の階層	飛躍的移行期 ・連結移行回転可逆対操作の獲得 　　　　　　　　　　　　　┌可逆対追視 　　　　　示性数1形成　├可逆対把握 　　　　　　　　　　　　　└可逆対制御	▲情動を中心とした新しい交流の獲得と発達の自由の増大（移動・手の操作・要求など）	
			第3の発達段階・回転軸3可逆操作の段階 　　　　　　　回転軸3形成	（ひとしりそめし──） ● **生後第1の新しい発達の原動力の発生**	
			第2の発達段階・回転軸2可逆操作の段階 　　　　　　　回転軸2形成 　　　　　　　**回転軸1形成**　発達障害Ⅰ 第1の発達段階・回転軸1可逆操作の段階	条件反射の普遍化 新しい結合性・条件反射の充実 の成立　　　条件反射の拡大 条件反射の発生	
	出生		飛躍的移行期 ・回転移行胎児期可逆対反射の獲得 　　　　　　　回転軸1形成	▲母体外生活に求められる新しい交流の手段の獲得と発達の自由の増大（代謝・活動・感覚など）	
	発達の階層		3つの発達段階と飛躍的移行期	人格の発達的基礎の形成と新しい発達の原動力の生成	

（深部の法則性）→　　　　　第一（静かな法則性）　　　　　第二（ダイナミックな法則性）

出典：田中昌人　1996『発達研究への志』あいゆらぴい発行、萌文社発売、pp.32-33。

図1-2　「可逆操作の高次化における階層—段階理論」に基づく発達の階層—段階と発達保障の階梯

田中昌人・1995版

新しい発達の原動力	人格の発達的基礎	対象関係	潜在的可能性	発達的破れ	発達保障の階梯		現行制度と通常の場合の年齢的対応など	生活年齢の高い場合
②抽出移行変換可逆対操作				対	第Ⅴの階梯	初期	大学入学 高校入学	
①変換対称性の転倒に基づく対発生 　　第3期の内面的対称性　発展 ③　第2期の内面的対称性 　　第1期の内面的対称性 　　　　　　　　　　　密着			外 （ 内 ） 対		第Ⅳの階梯	後期 中期 初期	中学校入学 小学校中学年 社会教育	
②変換移行次元可逆対操作								
①次元対称性の転倒に基づく対発生 　　第3期の内面的対称性　発展 ③　第2期の内面的対称性 　　第1期の内面的対称性 　　　　　　　　　　　密着			外 （ 内 ） 対		第Ⅲの階梯	後期 中期 初期	就学児健診,学童保育 4歳児健診 3歳児健診 2歳児半健診 2歳児健診 18か月児健診	（別稿）
②次元移行連結可逆対操作								
①連結対称性の転倒に基づく対発生 　　第3期の内面的対称性　発展 ③　第2期の内面的対称性 　　第1期の内面的対称性 　　　　　　　　　　　密着			外 （ 内 ） 対		第Ⅱの階梯	後期 中期 初期	10か月児健診 7か月児健診	
②連結移行回転可逆対操作								
①回転対称性の転倒に基づく対発生 　　第3期の内面的対称性　発展 ③　第2期の内面的対称性 　　第1期の内面的対称性 　　　　　　　　　　　密着			外 （ 内 ） 対		第Ⅰの階梯	後期 中期 初期	4か月児健診 3か月児健診 産休明け保育 周生期医療	
②回転移行胎児期可逆対操作								
対　称　性　原　理　の　展　開								

第三（美しき法則性）

そして、1980年代後半になり、人格の発達的基礎としての「対称性原理」を提起していった。これは、新しい発達の原動力の発生の際に、機能的対称性が自由度を増して獲得されるなかで、新しい交流の手段が発生してくるとともに、飛躍的移行期に内面的対称性が誕生し、それが拡大・充実・普遍化するなかで人間の自励制御がすすんでいくとするものである。この原理は、「美しき法則性」と名付けられた。

さらに、こうした発達を支援する働きかけの段階として第Ⅰから第Ⅴまでの発達保障の階梯を提起した。

この理論の特徴は、外界を認識する過程と自我・自己の発達を介した感情・情動の過程とを切り離せない関係であると考え、認識の発達と人格の発達を統一的にとらえ、その発達を保障するための教育の保障も含みこんだ理論であることである。しかもその人格の発達を乳児期から理論化したことにより、どんなに障害が重い子どもにも適用できるところにある。

2. 成人期障害者の発達の事実

(1) 重度知的障害者の「発達」に関する系列法的研究

高橋（1993 a）は、生活実習所（重度心身障害者施設）の通所者12名（1946－1967年生、男性9名、女性3名）を養護学校卒業群（Educationed group）、不就学群（No educationed group）とに分け、さらに不就学群を入所後10年未満の群（NE1－G）と10年以上の群（NE2－G）とに分け、新版K式発達検査と新版S－M社会生活能力検査を5年から8年が経過した後に再検査した結果と比較し、その変動を分析した（図1-3、図1-4、図1-5、図1-6）。

その結果、養護学校卒業群（E－G）では、6名中5名が発達検査結果の上昇が見られ、1名は1ヵ月令の下降が見られた。社会生活能力検査結果では、5名中3名が上昇し、2名に下降が見られた。不就学者群のうち入所後10年未満の群（NE1－G）は、発達検査においては、4名中2名に上昇がみられ、2名に下降が見られた。下降がみられた2名の変動は1～3ヵ月令と変動は小さかった。社会生活能力検査においては、4名すべてにかなりの

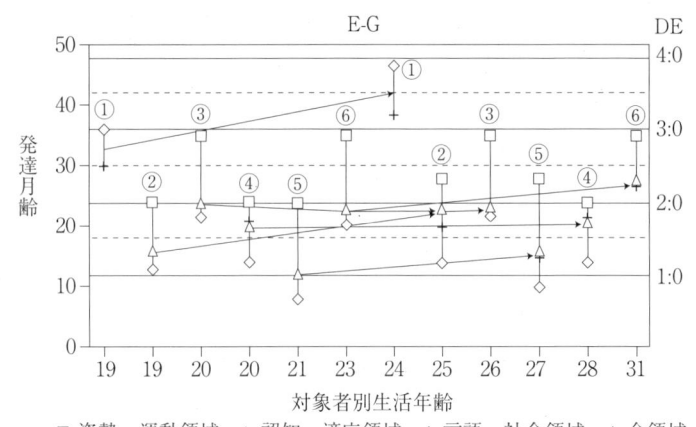

第1章 人間の生涯発達と発達保障　13

□ 姿勢・運動領域　＋認知・適応領域　◇ 言語・社会領域　△ 全領域

出典：高橋実　1993 a「重度知的障害者の「発達」に関する系列的研究」
『日本教育心理学会35回総会発表論文集』p.20。

図1-3　新版K式発達検査の経年変動1
　　　　養護学校高等部卒業者（1985-1992）

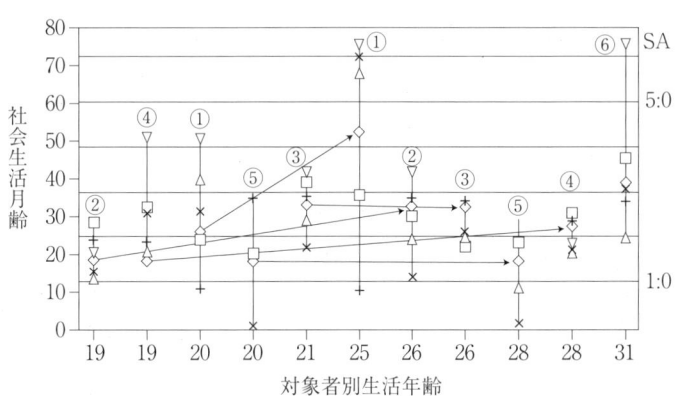

□ 身辺自立　＋移動能力　◇ 作業能力　△ 意志交換　× 集団参加　▽ 自己統制

出典：高橋実　1993 a「重度知的障害者の「発達」に関する系列的研究」
『日本教育心理学会35回総会発表論文集』p.20。

図1-4　社会生活能力検査の領域別変動1
　　　　養護学校高等部卒業者（1985-1992）

出典：高橋実 1993a「重度知的障害者の「発達」に関する系列的研究」
『日本教育心理学会35回総会発表論文集』p.20。

図1-5 新版K式発達検査の経年変動2
不就学者の変動（1985-1992）

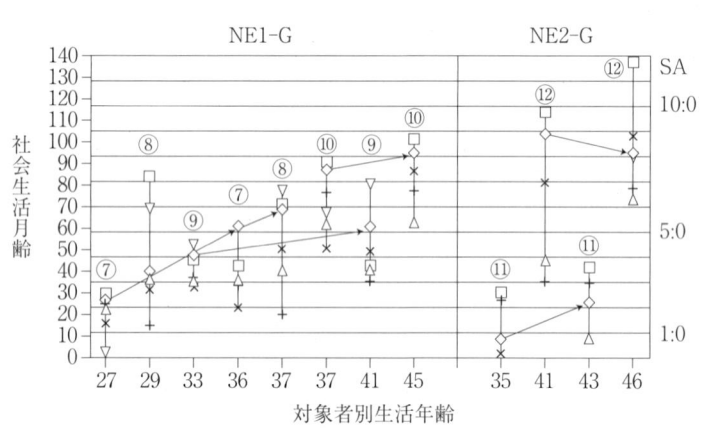

出典：高橋実 1993a「重度知的障害者の「発達」に関する系列的研究」
『日本教育心理学会35回総会発表論文集』p.20。

図1-6 社会生活能力検査の領域別変動2
不就学者の変動（1985-1992）

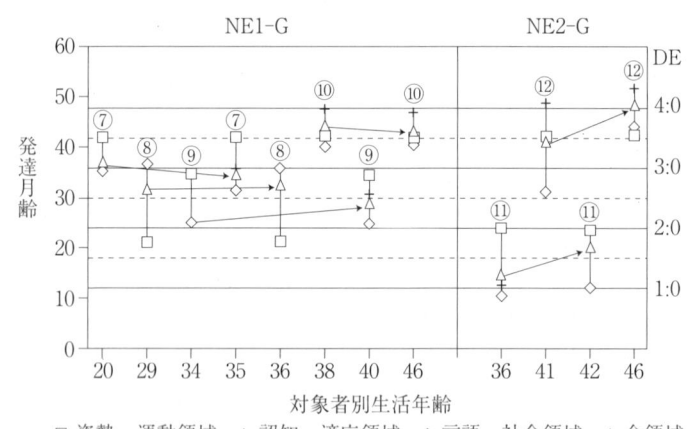

上昇が見られた。入所後10年以上の群（NE2-G）は、発達検査において2名中2名に6～7ヵ月令の上昇が見られ、社会生活能力検査においても大きな上昇が見られた。

これらの結果から、重度の知的障害者の知的能力や社会生活能力は、18歳以降も徐々に発達する可能性がある。しかも長年集団の場が保障されていなかった不就学群は、養護学校卒業群以上に発達する可能性があり、30代後半になってもなおかなりの発達が見られることがわかった。

（2）40歳代後半に達したダウン症者の縦断的研究

従来、ダウン症候群（以下DS）は、短命であるとされていたが、近年の医療・保健・福祉対策の進歩により、長命化がすすみつつある。しかし、成人期以後の症例報告は極めて少なく、まだその実態は明らかではない。そこで高橋（1993ｂ）は、40歳代後半に達したダウン症者を処遇記録、鈴木ビネー式知能検査、新版K式発達検査、新版S－M社会生活能力検査の経過を縦断的に分析検討することにより、そのライフコースの過程を明らかにした（表1-3、表1-4）。

その結果、事例Kは、25歳時に登園拒否、在宅という第1の危機を経験したが、生活実習所という、成人期に入って2つ目の通所施設に通所するようになってから、充実期を迎えた。30歳代半ば頃から体力的な衰えが目立ち始めたが、気力はなお充実し、気持ちが安定し、責任感も出てきた。40歳時の母の入院をきっかけにうつ傾向となり、第2の危機を迎えたが、服薬療養の結果立ち直りつつある。

知能検査の結果は、20歳前後から45歳までほぼ同水準に維持されていた。しかも、初期の老化傾向が現れ始めた37歳時からうつ病軽快後の45歳時においても図形構成能力等の非言語能力の幾分の低下とともに知識や語の定義等の結果の幾分の上昇が見られた。

37歳時から47歳時にかけての社会生活能力検査の結果（図1-7、図1-8）は、知能検査・発達検査の変動の少なさに比べて著しい向上が見られた。特に集団参加、自己統制領域の向上が著しく、母の入院という大きな生活構造の変化をきっかけに発症したうつ病の経験は、外的関心範囲を幾分狭めた反面、

表1-3 Kのプロフィール・生育歴

①プロフィール	K（194X年12月生まれ、男性　199X年10月現在45歳）
	ダウン症候群（21トリソミー型）
	愛の手帳2度（重度）
	父（T.3生）母（T.8生）と3人暮し
②生育歴	予定より1ヵ月遅れ、東京都A区の自宅で出産。2400g出産時特に異常なし。
6ヵ月	原因不明の発熱でK大学病院を紹介されて受診し、半年服薬した。
2歳頃	歩行を開始し、言葉も出始める。ゴム→ム、シンブン→ブンなど単語全部は言えなかった。
7歳4ヵ月	児童通園施設A学園通園開始。
20歳代前半	学園では袋貼作業に従事し、月2千円程度もらっていた。バス、電車を利用でき、駅名程度は理解していた。
25歳9ヵ月	はしかにかかる。かなり重症だった。職員に叱られたことや家の改築なども重なり、登園拒否で在宅となる。家庭では何もせず、1日中パジャマで過ごしている。暇があると眠り、自室に籠って部屋の整理をしたりテレビを見ている。
27歳5ヵ月	区立A生活実習所入所。
27歳6ヵ月	発作が初発。服薬開始。以後、張り切って通所を続ける。

出典：高橋実　1993b「40歳代後半期に達したダウン症者の「発達」に関する縦断的研究」『日本特殊教育学会第31回大会発表論文集』pp. 226-227。

自己への関心や統制、愛他的行動の高まりなど内面の大きな変化をもたらした。

これらの結果は、健常者の生涯発達心理学研究の知見とほぼ同様の結果であった。

このように、成人期の障害者も適切な環境や支援があれば、知的能力も衰退するどころか発達してゆく可能性があり、病気や環境の変化によって危機におちいることもあるが、適切な対応によって回復し、その体験が社会性や人格的発達を促す場合もあることが明らかになった。

表1-4 Kの31歳から45歳までの生活記録による行動と指導目標の変化

31歳（1978）	父退職
生活の状況	指導目標
木工作業班。すべての仕事を体調をコントロールしながら一生懸命やっている。仕事全体に対する責任感もある。 　体重42kg、身長143cm。出席率88％	健康を維持するように配慮する。 地味な仕事にも責任をもってやらせる。 具体的な生活経験を通してより豊かな知識を得る。

35歳（1982）	老化の兆候
生活の状況	指導目標
対人関係において不機嫌さがなくなり相手を認めるゆとりが出てきた。 編集委員としてカメラを担当し、自信と自覚が出てきた。 目、脚、歯などが痛いと言って非常に落ち込むことがある。 　体重43.5kg、出席率78％ 　喪失歯3本。	生活のリズムをくずさないようにする。 定休日（疲れ易いということで前年度より水曜日に中休みを設けた）以外は通所する。 休みの連絡は自分でする。 爪を自分できちんと切る。

40歳（1987）	母の入院
生活の状況	指導目標
新聞のばし班に異動。母が乳癌手術のため、6、7月入院。同時期から身体の不調で欠席や保健室で休むことが多くなった。家庭でも原因不明の微熱が出る。 気分の波が大きく両極端。毎日家で○×の日記をつける。 　体重42kg　出席率66％	友達関係を広げる。（いろいろな人とかかわりをもとう）

44歳（1991）	うつ病発見・服薬・軽快
生活の状況	指導目標
家で夜中にあたりかまわず「ばかやろう」などと大声を出す。笑顔が1年くらい全く見られないなどの訴えで、精神科嘱託医と面談し、更年期うつ病と診断される（9月）。抗うつ剤を服薬し自宅療養開始。約1ヵ月後から少しずつ登所可能となり徐々に症状が改善した。 　体重11月43kg　3月47kg 　出席率　前期72％　後期43％ 　喪失歯11本（処置歯7本） 　外見上老化測定法72.8歳（45歳時）	自分の役割をきちんと守る。

出典：高橋実　1993b「40歳代後半期に達したダウン症者の「発達」に関する縦断的研究」『日本特殊教育学会第31回大会発表論文集』pp.226-227.

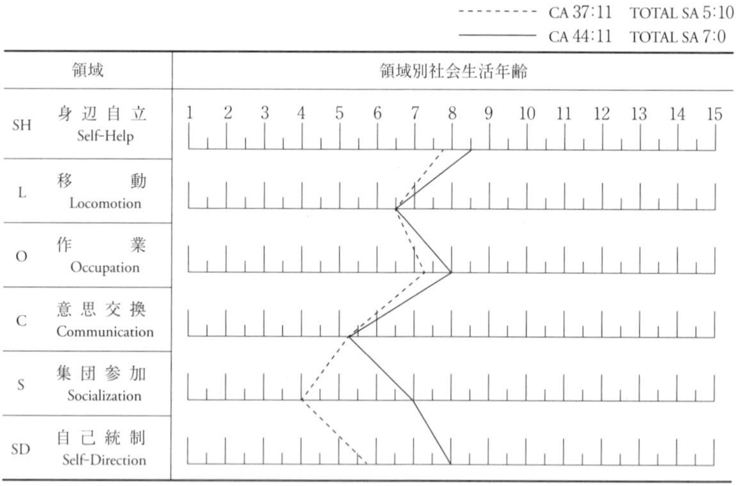

------- CA 37:11　TOTAL SA 5:10
——— CA 44:11　TOTAL SA 7:0

領域	領域別社会生活年齢
SH　身辺自立　Self-Help	1 2 3 4 5 6 7 8 9 10 11 12 13 14 15
L　移　動　Locomotion	
O　作　業　Occupation	
C　意思交換　Communication	
S　集団参加　Socialization	
SD　自己統制　Self-Direction	

出典：高橋実　1993ｂ「40歳代後半期に達したダウン症者の「発達」に関する縦断的研究」『日本特殊教育学会第31回大会発表論文集』pp. 226-227．

図1-7　Kの領域別社会生活年齢の変動

＋に転じた項目	−に転じた項目
紐結びができる 地域の活動に参加できる 食事作法をきちんと守れる 乗り物や大勢の中でだだをこねない 年下の世話を安心してまかせられる 説明を終わりまで静かに聞ける 幼児や老人をいたわることができる 病気にかからないよう自制できる	学校全体の役割ができる テレビのニュースに関心をもつ

出典：高橋実　1993ｂ「40歳代後半期に達したダウン症者の「発達」に関する縦断的研究」『日本特殊教育学会第31回大会発表論文集』pp. 226-227．

図1-8　Kの社会生活能力で変化した項目

参考文献

Baltes, P.B. &Brim, O.G., 1979, "Life-span", *Development and Behavior vol.2* ,pp.281-312, Academic Press.

Bühler, C.1968, *Human Development（1）*, pp.184-200.

Erikson, E. 1977 *Childhood and Societv*, 1950（仁科弥生訳：『幼児期と社会Ⅰ』みすず書房、1977）

ハイメ・カスタニェダ、長島正編　1989『ライフサイクルと人間の意識』金子書房、pp.49-66。

子安増生　1996『生涯発達心理学のすすめ』有斐閣選書、pp.2-14。

村田孝次　1989『生涯発達心理学の課題』、培風館、pp. 204-207。

無藤隆、麻生武、内田伸子、落合良行、楠見孝、南博文、やまだようこ編著　1995「生涯発達心理学とは何か──理論と方法──」『講座生涯発達心理学1』金子書房。

無藤隆、麻生武、内田伸子、落合良行、楠見孝、南博文、やまだようこ編著　1995「老いることの意味──中年・老年期」『講座生涯発達心理学5』金子書房。

高橋実　1993ａ「重度知的障害者の「発達」に関する系列的研究」『日本教育心理学会第35回総会発表論文集』p.20。

高橋実　1993ｂ「40歳代後半期に達したダウン症者の「発達」に関する縦断的研究」『日本特殊教育学会第31回大会発表論文集』pp.226-227。

第2章　障害児者に対する施策の流れ

1．障害者の福祉と教育施策の歴史的変遷

（1）戦後の障害者福祉施策の形成過程と社会福祉基礎構造改革後の動向

　第2次大戦後主権在民の日本国憲法を策定したわが国は、戦禍によって親を失った孤児や生活に苦しい子どもたちに未来を託すという意味で、1947年、「福祉」を冠したはじめての法律である児童福祉法を制定した。さらに1949年には戦禍で身体に障害を負った人々の対策を主たる目的に身体障害者福祉法が制定された。その後10年あまり遅れ、わが国が高度経済成長を迎えようとする1960年、知的障害者福祉法が制定された。

　このようにわが国の障害者福祉の制度は、第2次大戦後の社会情勢を反映する形で、徐々に整備されていった。当時の社会は、戦後の復興期であり、多くの人々の生活は苦しく、ましてや障害児者の生活は、非常に厳しいものであった。そこで、障害児者を含めた生活困難者の衣食住を確保するという意味で、それぞれの法律で規定された入所施設の役割は、福祉施策のなかで非常に大きなウェイトを占めるものであった。

　戦後半世紀あまりが経過し人々の生活が安定してくると、障害者施設は家庭から日中通う、通所施設が増加してくるとともに、ノーマライゼーションの理念が浸透していくなかで、グループホームと呼ばれる小規模居住型の施設も生まれ、施設の種類や形態は、きわめて多様化してきている。

　しかも、社会福祉基礎構造改革という名のもとに、社会福祉事業の基本的なしくみを規定した社会福祉事業法が半世紀ぶりに改正され、2000年に社会福祉法となった。それに伴い、施設の利用のしくみや国からの費用の支出のしくみが大きく変わっていった。

　それまでの障害者施設入所の形態は、国の公的責任による措置によるもの

が基本であった。措置とは、都道府県知事、市町村長等の措置機関が、国の公的責任に基づいて、社会福祉サービスを必要とする人にサービスを行う行政的な決定のこと（平岡他、1999）である。措置機関は、社会福祉事業法で規定された民間の社会福祉法人にサービス（措置）を委託することができ、この委託措置に要する費用を措置費とよぶ。障害者施設などの社会福祉施設を運営する社会福祉法人は、主に措置費によって運営されてきた。

　しかし、1980年代に入り、「措置の法的な性質は行政庁が一方的に決定を行うという意味で行政処分であるため、利用者の意向や選択が十分に保障されないという問題がある。したがって利用者とサービス提供機関との契約に基づいてサービスが利用される制度に改めるべきだ」という意見が研究者等から出されるようになった。そして90年代半ばから政府の審議会でもこの問題が取り上げられるようになり、施設利用も含めた社会福祉サービスの利用契約制度への移行が強く推し進められることとなった。この社会福祉サービスを措置制度から利用契約制度へと転換していく一連の改革が社会福祉基礎構造改革と呼ばれ、1990年代後半から2000年代にかけて、急速に行われてきた。

　社会福祉基礎構造改革は、措置制度では、①利用者が行政処分の対象者であり、サービス提供者と対等平等の権利主体となれない、②サービスが画一的・硬直的になりやすく、多様なニーズに対応できない、③サービスの選択が保障されない、という根拠ですすめられている。一方でその改革に対して、①国や地方自治体の公的責任の縮小と公的費用負担の削減が目的である、②経済的弱者の費用負担が非常に重くなる、③企業も参入する競争原理は、福祉サービスの形骸化につながる危険がある、④措置制度でも、サービスを提供する資源に余裕があれば利用者の選択は可能である、などの批判があり、「措置か契約か」ということで議論があった。しかし十分議論が深まらないまま、具体的改革が先行してきたのが現状である。

　実際には、利用契約制度に基づく介護保険法が1997年に成立し、2000年4月から介護保険制度が実施されている。また、同じく1997年の児童福祉法の改正により、保育所の措置は「保育の実施」という方式に切り替えられ、選択利用施設となった。

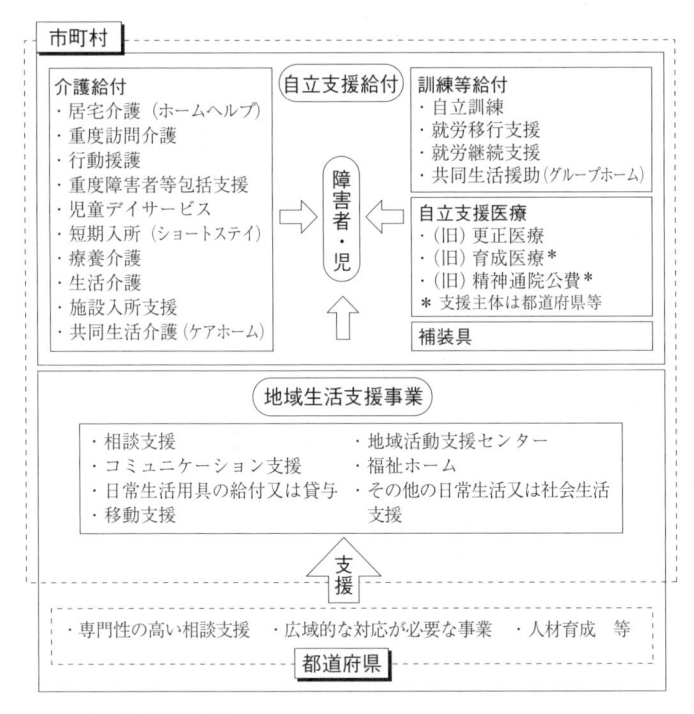

```
┌─────────────────────────────────────────────────────────┐
│ 市町村                                                    │
│ ┌──────────────┐ ┌自立支援給付┐ ┌──────────────────┐    │
│ │ 介護給付     │                │ 訓練等給付       │    │
│ │ ・居宅介護(ホームヘルプ)│      │ ・自立訓練       │    │
│ │ ・重度訪問介護│                │ ・就労移行支援   │    │
│ │ ・行動援護   │    ┌──┐        │ ・就労継続支援   │    │
│ │ ・重度障害者等包括支援│障│     │ ・共同生活援助(グループホーム)│
│ │ ・児童デイサービス│→│害│←    ├──────────────────┤    │
│ │ ・短期入所(ショートステイ)│者│ │ 自立支援医療     │    │
│ │ ・療養介護   │  │・│        │ ・(旧)更正医療   │    │
│ │ ・生活介護   │  │児│        │ ・(旧)育成医療*  │    │
│ │ ・施設入所支援│  └──┘        │ ・(旧)精神通院公費*│   │
│ │ ・共同生活介護(ケアホーム)│    │ *支援主体は都道府県等│ │
│ └──────────────┘    ↑        ├──────────────────┤    │
│                              │ 補装具           │    │
│                              └──────────────────┘    │
│          ┌地域生活支援事業┐                            │
│          ┌─────────────────────────────────┐         │
│          │ ・相談支援          ・地域活動支援センター │
│          │ ・コミュニケーション支援  ・福祉ホーム    │
│          │ ・日常生活用具の給付又は貸与 ・その他の日常生活又は社会生活│
│          │ ・移動支援                    支援       │
│          └─────────────────────────────────┘         │
│                      ↑支援                             │
└─────────────────────────────────────────────────────────┘
  ・専門性の高い相談支援 ・広域的な対応が必要な事業 ・人材育成 等
                      都道府県
```

出典:全国社会福祉協議会ホームページ。http://www.shakyo.or.jp/anniversary/index.htm

図2-1 障害者自立支援法のシステムの全体像

　さらに、2000年に社会福祉事業法が改正され、社会福祉法となり、2001年4月から施行されている。これに伴い、要保護児童が利用する児童福祉施設を除いた障害児者施設が、2003年度から支援費支給制度という新たな利用契約制度へと移行することになった。さらに2005年には、障害種別ごとの施設、事業体系、サービス体系を統合化した形の障害者自立支援法が成立した。障害者自立支援法におけるサービスの体系は図2-1に示す通りである。

　また国連においては2006年12月13日に障害者権利条約が採択された。そして2008年5月3日、20カ国以上の国が批准し、条約が発効することとなった。我が国は、2007年9月28日に署名したが、条約に批准については今なお検討中である。

障害者自立支援法では、所得に応じて負担額が決定されるしくみである応能負担から、サービスに応じて定率（1割）を負担する応益負担の原則が導入され、障害系の児童福祉施設もこの制度に組み込まれた。この応益負担に対する障害者や関係者の大きな反対運動がおこり、さまざまな負担軽減策が行われると共に応能負担の考え方にもどそうという提案もなされるようになった。

　また、それまでの障害者福祉施策は、児童は児童福祉法に基づくサービス体系、18歳以上の障害者は障害別の障害者施策（身体障害者福祉法、知的障害者福祉法、精神保健及び精神障害者の福祉に関する法律）であったが、障害者自立支援法では、児童から成人期までの障害児者の統一したサービス体系に整えられた。ところが、障害児に対する福祉サービスは、親がまだ障害受容ができていない段階からの早期で適切な親子支援が必要であるにもかかわらず、障害者自立支援法では、サービスの利用のためには、障害の区分認定を必要とし、さらに1割負担や食費負担が課せられることとなったため、早期で適切な支援を必要とする障害児がサービスを受けにくいということで、この部分に対しても大きな異議が申し立てられ、利用負担の軽減策や障害認定区分に対する柔軟な運用などの改善策がとられることとなった。

　そして、2009年9月、我が国初の本格的な政権交代が起こったことにより、障害者自立支援法は、新たな改革の俎上に上ることとなった。当面、障害者自立支援法の応益負担を応能負担に改める。そして、内閣総理大臣を本部長とし、すべての国務大臣で構成される障害者制度改革推進本部を置き、その下に障害者の当事者や福祉関係者、学識経験者からなる障害者制度改革推進委員会、課題別専門委員会を設け、政治主体で「現行の障害者施策の基礎となっている法制度を抜本的に改革する」ことをめざす。あわせて、国連の障害者権利条約の批准に必要な国内法の整備も行う、という方向で政策が進められようとしている。

　本格的な議論は、これからまさに始められようとしている。障害者の権利が真の意味で生かされる制度改革がなされることを、期待を持って見守りたい。

2．戦後の障害児教育・福祉施策の成立過程

　戦前から、障害児教育は、数多くの先駆者によって、実践されてきたが、その歴史は、他書にゆずることにし、ここでは、第2次世界大戦後の障害児教育・福祉施策の歴史の概略を追ってみたい。

　1946年の日本国憲法の発布により、その第26条において「すべて国民は、法律の定めるところにより、その能力に応じてひとしく教育を受ける権利を有する」とうたわれ、1947年に教育基本法、学校教育法、児童福祉法があいついで制定された。学校教育法では、障害児のための特殊教育を規定し、就学義務も明記されていたが、就学義務制度の実施期日は明確にされず、就学猶予制度も残された。そこで、盲・聾教育界の教育関係者や保護者は、1948年義務制実施を目指し一致団結して運動を展開していった。その結果、1948年に「盲学校及び聾学校の就学義務設置に関する政令」が公布され、漸次的に実施に移され、1956年に完全実施に至った。（中村、荒川、2003）

　しかし、養護学校はなかなか設置されないなか、肢体不自由児、精神薄弱児の義務制促進運動が展開され、1956年には「公立養護学校整備特別措置法」が制定され、養護学校の設置が促されることとなった。その結果、徐々に精神薄弱、肢体不自由養護学校が作られていったが、重度障害児は、就学猶予という形で義務教育の権利は奪われたままであった。

　一方、障害児施設は、児童福祉法の制定に伴い、入所型の精神薄弱児施設と療育施設が設置された。障害者施設を含めた社会福祉施設は当初、心身の障害、家族関係、経済的事情などの理由で、家庭や地域で生活できない人を保護収容する入所施設が中心であった。しかし、その入所施設も収容対象が限定され、就学猶予というかたちで義務教育から排除された重度精神薄弱児の受け皿として、1957年に知的障害児通園施設が制度化された。この施設は、実質上精神薄弱児養護学校の代替的役割を担うことになった。翌年には、重度精神薄弱児施設国立秩父学園が開設され、1964年には肢体不自由児施設、精神薄弱児施設に重度棟が設置された（大井、北澤、1983）。

　また、医療的ケアを必要とする最重度の障害児に対しては、東京日赤病院

の医師小林提樹が、乳児院から退所できない重度障害児を1950年ころから小児科病棟の一隅で受け止め、「両親のつどい」（後に重症心身障害児とその家族の当事者団体である「全国重症心身障害児者を守る会」に発展）などの活動を行っていた。しかし、医療費の対象と認められないなどの理由で継続が行き詰まり、重症心身障害児対策を社会に訴える活動と並行して1961年、島田療育園を開設した。小林は、重症心身障害児には、日常的に医療ケアが必要な「医療的重症」と行動障害が激しく家庭介護が困難な「介護的重症」、心中事件など深刻な家族問題の発生の状況を鑑みて、家庭救済に重点をおいた「社会的重症」があると主張した。

一方、1953年ころ、精神薄弱児施設近江学園の園長糸賀一雄、医師岡崎英彦らは、医学的配慮を要する「療護児クラス」の設立に取り組み始めた。そして、重度の精神薄弱に麻痺、てんかん、行動障害を重複している児童の指導には医療と教育が共同して取り組める設備、体制が必要であるとして,1963年、びわこ学園を設立した。糸賀は、いかに障害が重くても生命の価値と発達の道ゆきは人として同じであり、豊かな発達と自己実現を目指す権利があるとする「発達保障」の理念を提起し、積極的な療育実践の必要性を主張した。

この両者の主張が、国の施策にも取り入れられ、1963年に「重症心身障害児療育実施要綱」が厚生省から通達され1966年から国立療養所内に重症心身障害児委託病床がもたれることとなり、年次計画で整備が進められることとなった。そして1967年に児童福祉法の一部を改正して、重症心身障害児施設が児童福祉施設の一つとして加えられることとなった。重症心身障害児施設は、肢体不自由児施設と同様、医療法に基づく病院の機能と児童福祉施設の機能とを併せ持つ性格の施設となった。さらには、1972年からは、重度の精神薄弱と社会適応上のさまざまな行動障害を併せ持つ「動く重症児」「強度行動障害児」への本格的取組みが国立肥前療養所において開始された。

また、1960年代から本格化した高度経済成長に伴い、障害児とその家族の生活基盤も大きく変化し、障害児問題が顕在化するとともに教育・福祉運動が拡大し、多様化していった。こうしたなかで、重症心身障害児を守る会、自閉症児親の会などの親の会や全国障害者問題研究会などの障害種別を越え

た研究運動団体などが結成され、重度障害児の就学問題に大きな影響を与えていった。

こうした背景のなかで、家族と生活をともにしながら専門的サービスを受けたいというニーズが急速に高まっていった。そして1969年に肢体不自由児通園施設、1975年に難聴幼児通園施設など障害児の通園施設がつぎつぎに制度化された。

一方、学校教育での重症心身障害児の受入れは、大幅に遅れた。1960年代半ばから就学猶予・免除となった在宅障害児に学校教育の保障を求める「不就学児をなくす運動」が全国的に取り組まれ、各地で訪問教師を派遣する制度が生まれた。そして1970年、「すべての障害児に等しく教育を保障する」与謝野海養護学校（京都府）が誕生し、1974年には、東京都が「希望者全員入学」に踏み切った。国は、国立久里浜養護学校（神奈川県）を開設して重症心身障害児受入れの準備を開始し、1979年度から、全国的に障害児の全員就学を開始した。

また同年から、医療上の理由で通学できない重度児のための訪問教育も開始されたが、依然として就学猶予・免除規定は撤廃されず、不就学児は激減したものの、一部の不就学児童の問題は温存されたままとなった。一方、1970年代から、欧米の精神医学改革や脱施設化の潮流に触発された養護学校は障害児の隔離、差別の場であるとする障害者団体の活動も活発化し、養護学校義務制阻止を掲げた実力闘争も各地で展開された。これに対し国としては、1978年に「教育上特別な取り扱いを要する児童生徒の教育措置について」という通達により、障害種別、程度別の就学措置の原則を示し、障害があっても通常学級に在学を希望した児童にたいしては原則特別な措置を講じないという姿勢が貫かれることとなった。

障害児者福祉の現場では、1970年代半ば頃から、「収容の場から生活の場へ」という社会福祉施設の見直しが始まり、1981年の国際障害者年により、ノーマライゼーションの理念が急速に浸透していくなかで、「地域でのあたりまえの生活」を保障する機運が急速に高まり、在宅福祉が強調されるようになっていった。

こうした背景のなかで、1979年の養護学校義務制施行後は、家庭から学校

に通う障害児が急増することになった。これに伴い、それまで学校へ通えない学齢期の子どもを多く受け入れていた精神薄弱児通園施設などが、就学前の通園施設へと転換することになった。そこで1979年に厚生省は、「心身障害児総合通園センターの設置について」を通達した。心身障害児総合通園センターは、障害の早期発見・早期療育の充実を図ることを目的として、心身障害児の相談、指導、診断、検査、判定などとともに、療育訓練を行う専門機関で、設置主体は、都道府県、指定都市、中核市またはおおむね20万人以上の市である。相談・検査部門と療育訓練部門がおかれ、療育訓練部門には、3種の通園施設（肢体不自由児通園、知的障害児通園、難聴幼児通園）の二つ以上を設置することとなっている。療育訓練部門には、3種の通園施設スタッフに加えて、医療、薬剤、心理、福祉などのスタッフが配置されている。相談、検査部門は、エリア内の各種療育機関や障害児保育実施施設にとってのセンター的役割を果たしている。こうして障害児の療育を目的とする施設には、心理職、言語聴覚士、理学療法士、作業療法士などの専門職が配置され、保育士や指導員と協力して療育をすすめることとなった。近年では、その療育における専門性を活かして、地域の保育所や幼稚園の障害児に対する巡回相談事業を実施したり、保育所と障害児通園施設を並行利用して療育にあたるなどのあり方もすすんでいる。さらに、障害別の障害児通園施設においては、本来の機能を失わない範囲で障害種別の混合利用も行われるようになってきている。

　学校現場では近年、後期中等教育の問題が課題となり、そして学校卒業後も障害者を家庭から通所させたいというニーズが次第に高まり、1980年代の初頭では、精神薄弱養護学校で高等部を設置しているものは約半数にすぎなかったが、1990年代末には、希望者のほとんどが進学できるようになった。（中村、荒川、2003）

　こうした背景により、養護学校高等部卒業後の進路として通所型の障害者施設が急増することになった。しかも、障害者施設の絶対的不足から、親や関係者の努力によって小規模作業所づくりも同時に全国的に広がっていった。1977年には、小規模作業所の全国連絡組織である共同作業所連絡協議会が結成され、当時働くことが難しいとされていた重度障害者も福祉的な就労の場

を提供されることで、生き生きと働く姿が共感を呼び、組織を拡大し、国の障害者就労施策に一定の影響力をもつまでになっていった。

3．国連のサラマンカ声明と特別支援教育

　1994年にスペインのサラマンカで開催された、「特別ニーズ教育に関する世界会議」において、従来の特殊教育に代わる「特別ニーズ教育」の理念・原則を定めた「特別ニーズ教育に関するサラマンカ声明と行動大綱」が国連のユネスコによって採択された。特別なニーズ教育とは、障害児や英才児、ストリートチルドレンや労働している子どもたち、人里離れた地域の子どもや遊牧民の子どもたち、言語的・民族的・文化的マイノリティーの子どもたちなどすべての学習上の困難さにたいするニーズのことである。

　学校は、こうしたすべての特別なニーズをかかえた子どもたちを排除することなく、ひとりひとりに見合った教育を提供すべきであるとしてインクルーシブ教育の理念を提唱した。インクルーシブ校の基本原則は、すべての子どもは何らかの困難さもしくは相違をもっていようと、可能な際はいつも共に学習すべきであるというものである。そのためインクルーシブ校は、さまざまな学習スタイルや学習の速さについて調整したり、適切なカリキュラムと編成上の調整、指導方略、資源の活用、地域社会との協力を通じ、すべての子に対し、質の高い教育を保障する必要性があるとしている。

　また特定のインペアメントをかかえた子どもの特殊学校システムがきちんと確立している国においては、特殊学校の教職員は、障害を持つ子どもの早期スクリーニングや認定に必要な専門的・学際的見識をもっている。特殊学校は通常の学校における教職員に対する研修センターや資源センターとして役立つことになるとし、特殊学校の新たな役割についても言及している。

　こうした情勢を受け、わが国では、2001年に文部科学省の特殊教育課を「特別支援教育課」に改組し、「21世紀の特殊教育の在り方について（最終報告）」をまとめ、盲・聾・養護学校の就学対象の障害程度に関する基準や就学基準を見直すとともに小・中学校の通常学級に在籍するＬＤ・ＡＤ/ＨＤ、

高機能自閉症などの特別な教育ニーズをかかえた子どもへの積極的な対応を提言した。

　そして2003年には、特別支援教育の在り方に関する調査研究協力会議が「今後の特別支援教育の在り方について（最終報告）」を発表した。それを受けて中央教育審議会は、2005年12月、「特別支援教育を推進するための制度の在り方について（答申）」を発表した。そこでは、①障害のある幼児児童生徒の教育の基本的な考え方について、特別な場で教育を行う「特殊教育」から、一人一人のニーズに応じた適切な指導及び必要な支援を行う「特別支援教育」に発展的に転換すること、②幼児児童生徒の障害の重度・重複化に対応し、一人一人の教育的ニーズに応じて適切な指導及び必要な支援を行うことができるよう、盲・聾・養護学校を、障害種別を超えた特別支援学校に転換し、小・中学校等に対する支援を行う地域の特別支援教育のセンターとしての機能を明確に位置付ける。③通級による指導の指導時間数及び対象となる障害種を弾力化し、ＬＤ（学習障害）、ＡＤ／ＨＤ（注意欠陥／多動性障害）を新たに対象とする。④特殊学級と通常の学級における交流及び共同学習を促進するとともに、特殊学級担当教員の活用によるＬＤ、ＡＤ／ＨＤ等の児童生徒への支援を行うなど、特殊学級の弾力的な運用を進める。⑤「特別支援教室（仮称）」の構想については、研究開発学校やモデル校などを活用し、特殊学級が有する機能の維持、教職員配置との関連や教員の専門性の向上等の課題に留意しつつ、その法令上の位置付けの明確化等について、上記の取組の実施状況も踏まえ、今後検討する。⑥盲・聾・養護学校の「特別支援学校」（仮称）への転換に伴い、学校の種別ごとに設けられている教員免許状を、障害の種類に対応した専門性を確保しつつ、ＬＤ・ＡＤ／ＨＤ・高機能自閉症等を含めた総合的な専門性を担保する「特別支援学校教員免許状（仮称）」に転換する、などの方針が出された。

　その答申を踏まえて2006年に「学校教育法等の一部を改正する法律」が公布され、2007年度から施行されることとなった。文科省が発表した概念図は、図2-2と図2-3のとおりである。

　なお、2007年５月１日現在の特別支援学校、特別支援学級、通級による指導の現状は、表2-1、表2-2のとおりである。

―現状―

〈特殊教育体制〉
(障害の程度等に応じ特別の場で指導)
※義務教育段階における特殊教育の対象は、全学齢児童生徒全体の約1.5%

〈小・中学校〉
特殊学級 0.73%、
通級による指導 0.29%

〈盲・聾・養護学校〉
在籍者の割合 0.46%
内訳：盲学校　0.01%
　　　聾学校　0.03%
　　　養護学校 0.42%

→

―今後の基本的な考え方―

〈特別支援教育体制〉
(障害のある児童生徒の教育的ニーズを的確に把握し、柔軟に教育的支援を実施)
※義務教育段階における特別支援教育の対象は、全学齢児童生徒全体の約7〜8%と推計

〈特別支援連携協議会〉
教育委員会と福祉、医療、労働等関係機関との連携

〈小・中学校〉
従来の特殊教育の対象の児童生徒に加えて、LD、AD/HD、高機能自閉症の児童生徒に対する特別支援教育体制の確立

特別支援教室（仮称）など多様なニーズに対応した弾力的な体制を具体的に検討

↑支援

〈特別支援学校（仮称）〉
小・中学校の児童生徒の担当教員や保護者への相談・支援等地域の教育のセンター的役割を担う学校

障害の枠にとらわれず、教育的支援の必要性の大きい児童生徒を対象
例：知的障害＋肢体不自由部門
　　聴覚障害部門のみ

出典：文部科学省ホームページ、http://www.mext.go.jp/b_menu/shingi/chousa/shotou/018/toushin/0303011.pdf
　　　特別支援教育の在り方に関する調査研究協力者会議、2003年3月28日答申
　　　今後の特別支援教育の在り方について（最終報告）

図2-2　今後の特別支援教育の在り方

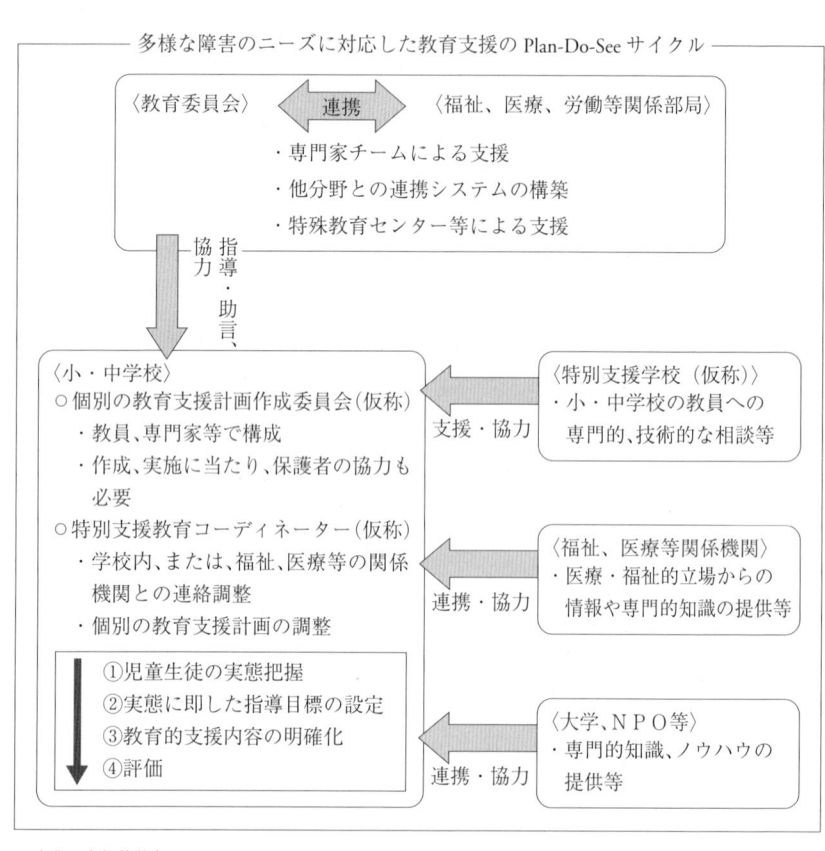

```
┌─────────── 多様な障害のニーズに対応した教育支援の Plan-Do-See サイクル ───────────┐
│                                                                              │
│   〈教育委員会〉 ←─ 連携 ─→ 〈福祉、医療、労働等関係部局〉                      │
│                    ・専門家チームによる支援                                    │
│                    ・他分野との連携システムの構築                              │
│                    ・特殊教育センター等による支援                              │
│        │                                                                     │
│     協指                                                                      │
│     力導                                                                      │
│      ・                                                                      │
│     ↓助                                                                      │
│      言                                                                      │
│   〈小・中学校〉                                                              │
│   ○個別の教育支援計画作成委員会(仮称) ←── 〈特別支援学校（仮称）〉             │
│     ・教員、専門家等で構成          支援・協力 ・小・中学校の教員への         │
│     ・作成、実施に当たり、保護者の協力も              専門的、技術的な相談等   │
│      必要                                                                    │
│   ○特別支援教育コーディネーター(仮称)                                         │
│     ・学校内、または、福祉、医療等の関係 ←── 〈福祉、医療等関係機関〉          │
│      機関との連絡調整           連携・協力  ・医療・福祉的立場からの          │
│     ・個別の教育支援計画の調整              情報や専門的知識の提供等          │
│                                                                              │
│   ┌─────────────────────┐                                                    │
│   │①児童生徒の実態把握      │                                                │
│   │②実態に即した指導目標の設定│ ←── 〈大学、ＮＰＯ等〉                       │
│   │③教育的支援内容の明確化  │ 連携・協力 ・専門的知識、ノウハウの            │
│   │④評価                   │              提供等                            │
│   └─────────────────────┘                                                    │
└──────────────────────────────────────────────────────────────────────────────┘
```

出典：文部科学省ホームページ、http://www.mext.go.jp/b_menu/shingi/chousa/shotou/018/toushin/0303011.pdf
　　　特別支援教育の在り方に関する調査研究協力者会議、2003年3月28日答申
　　　今後の特別支援教育の在り方について（最終報告）

図2-3　個別の教育支援計画

表2-1 義務教育段階の特別支援学校及び特別支援学級の現状——国・公・私立計

(平成20年5月1日現在)

区分		学校(級)数	児童生徒数	区分		学校(級)数	児童生徒数
特別支援学校 小・中学部	視	65校	1,146人	特別支援学校 小・中学部	視・肢・病	—	—
	聴	93校	3,451人		聴・知・肢	—	—
	知	414校	33,823人		聴・知・病	—	—
	肢	147校	9,222人		聴・肢・病	—	—
	病	73校	2,171人		知・肢・病	12校	463人
	視・聴	—	—		聴・知・肢・病	1校	56人
	視・知	—	—		視・知・肢・病	—	—
	視・肢	—	—		視・聴・肢・病	—	—
	視・病	—	—		視・聴・知・病	—	—
	聴・知	2校	95人		視・聴・知・肢	—	—
	聴・肢	—	—		視・聴・知・肢・病	14校	677人
	聴・病	—	—		計	930校	60,302人
	知・肢	87校	7,634人	小・中学校 特別支援学級	知的障害	21,139学級	71,264人
	知・病	9校	632人		肢体不自由	2,485学級	4,201人
	肢・病	13校	932人		病弱・身体虚弱	1,092学級	2,012人
	視・聴・知	—	—		弱視	280学級	347人
	視・聴・肢	—	—		難聴	706学級	1,229人
	視・聴・病	—	—		言語障害	450学級	1,411人
	視・知・肢	—	—		情緒障害	13,852学級	43,702人
	視・知・病	—	—		計	40,004学級	124,166人
児童生徒数合計							184,468人

※児童生徒数は、学校で対象としている障害種別を基準に区分している。
出典:日本発達障害福祉連盟編 2009『発達障害白書2010年度版』日本文化科学社、p.163。

表2-2　通級による指導を受けている児童生徒数

(平成20年5月1日現在)

障害区分	小学校				中学校				合計			
		自校通級	他校通級	巡回指導		自校通級	他校通級	巡回指導		自校通級	他校通級	巡回指導
言語障害	人 29,635	人 11,110	人 17,838	人 687	人 225	人 76	人 129	人 20	人 29,860 (60.1%)	人 11,186	人 17,967	人 707
自閉症	6,301	1,952	4,230	119	746	255	463	28	7,047 (14.2%)	2,207	1,693	147
情緒障害	3,009	1,123	1,786	100	580	176	377	27	3,589 (7.2%)	1,299	2,163	127
弱視	137	13	115	9	16	4	12	—	153 (0.3%)	17	127	9
難聴	1,616	303	1,188	125	299	68	179	52	1,915 (3.9%)	371	1,367	177
学習障害	3,149	2,095	970	84	533	351	135	47	3,682 (7.4%)	2,446	1105	131
注意欠陥多動性障害	3,087	1,371	1,615	101	319	151	159	10	3,406 (6.9%)	1,522	1,773	111
肢体不自由	13	12	1	—	1	—	1	—	14 (0.03%)	12	2	—
病弱・身体虚弱	9	1	8	—	10	5	5	—	19 (0.04%)	6	13	—
計	46,956 (91.5%)	17,980	27,751	1,225	2,729 (5.5%)	1,086	1,459	184	49,685 (100.0%)	19,066 (38.4%)	29,210 (58.8%)	1,409 (2.8%)

※自校通級・他校通級・巡回指導のうち複数の方法で指導を受けている児童生徒は、該当するものすべてカウントしている。
出典：日本発達障害福祉連盟編　2009『発達障害白書2010年度版』日本文化科学社、p.176。

　これまで対象とならなかった通常学級に在籍するLD・AD/HD・高機能自閉症児などが支援の対象となった意義は大きいが、サラマンカ声明で特別なニーズ教育の対象としている不登校、非行、虐待、学業不振、いじめ、外国人など「障害」以外の特別なニーズのある子どもは対象とされておらず、これまでの特殊教育が少し拡大された範囲の改革にとどまったところが、課題なのではないかと考える。また、増え続ける発達障害児の支援のための加配措置、少人数教育、カリキュラムの柔軟化、まだ制度化されていない特別支援教室あり方、福祉・医療機関等との連携や長期的見通しにたった個別支

援計画の作成システムと実際の総合的な支援策なども今後の課題である。

4. 福祉と教育の連携の歴史と地域生活支援

　これまでみてきたように、戦後の障害児者の福祉・医療と教育は、相補的関係のなかで発展してきた。就学を猶予されていた重度の障害児の教育を代替する形で精神薄弱児通園施設や重症心身障害児施設は成立し、1979年の養護学校義務制以降は、就学前の療育や就学後の就労や生活支援を担う形で障害児者施設が発展していった。そして、
　ノーマライゼーション理念の浸透とともに施設以外のホームヘルプサービスや入浴サービス、日中一時預かり、一時入所、ガイドヘルプなどの在宅サービスも少しずつではあるが整備されてきた。
　そして、2007年から特別支援教育が実施されることにより、医療・福祉・教育・労働の連携による個別教育支援計画の作成が義務付けられることになり、ライフサイクルを見通した縦の連携が求められることになった。
　しかし実際には、長期的見通しをもって障害児者や家族を見守り、支援していくケアマネジャーの役割を果たす機関や人材は確保されておらず、その役割は、障害児の保護者にゆだねられているのが現状である。福祉の分野においても個別支援計画の作成が進められており、両者の連携システムの構築も課題の一つである。
　2009年9月、政権交代がおこり、国の縦割り行政の改善や地方分権の拡大が政治的課題となり、新しい総合福祉サービス法の制定も模索されることとなった。将来は、すべての特別なニーズをかかえたた子どもひとりひとりの生活をトータルにとらえ、教育と福祉、医療が連携して長期的に支援できる制度やシステムの構築がそれぞれの地域の現状に応じてなされるよう期待したいと考える。

参考文献

平岡公一・平野隆之・副田あけみ編　1999『社会福祉キーワード』有斐閣、p.11。
中村満紀男、荒川智編著　2003『障害児教育の歴史』明石書店。
日本特別ニーズ教育学会編　2007『テキスト　特別ニーズ教育』ミネルヴァ書房。
大井清吉、北沢清司編　1983『障害児教育・福祉入門』晩成書房。
下田正編　1999『実践児童福祉論』中央法規。

第3章　乳幼児期の保育・療育と地域生活支援

1．保育所、幼稚園における統合保育の歴史

　障害児を保育所や幼稚園で健常児とともに保育する「統合保育」に関心が高まりだしたのは、1970年代になってからである。厚生省は、1974年に「障害児保育事業実施要綱」を発表し、指定都市への助成を始めた。しかし同年に障害児を受け入れた指定保育所は18所、159名にすぎなかった。また幼稚園の障害児の受け入れも1972年の時点で26園、143名と少なかったため、1974年に「私立特殊教育補助」を設けたが、補助対象を10名以上としたため受け入れ率は思うように伸びなかった（大井、北沢、1983）。1970年代後半になると保育の場を求める障害児の親の要求運動などの高まりを反映して、1978年に厚生省は「保育所における障害児の受け入れについて」を発表し、一定数以上受け入れている保育所に助成するやり方から障害児の障害程度や人数に応じて助成する制度に改め、急速に保育所への障害児の受け入れは増加していった。文部省は、それまでの補助条件10名以上を1979年度に8名以上と緩和した。そして同年「幼稚園における心身障害児の指導に関する調査研究協力会議」を発足させ、制度、指導内容、方法に関する検討を開始した。
　こうして、保育所においても幼稚園においても障害児の受け入れ数は急速に拡大していった。1979年以降は、それまで養護学校の肩代わりをしていた精神薄弱児通園施設が、就学前の通園施設に移行することとなり、就学前の障害児保育は、肢体不自由児通園施設や精神薄弱児通園施設、難聴幼児通園施設などの障害児通園施設や心身障害児総合通園センター等の療育専門機関と保育所、幼稚園での「統合保育」が連携して行われる形態へと発展していった。

2．発達に困難をかかえた子どもの増加の問題

「統合保育」等の制度の充実や実践の積み重ねによって、障害が明らかになった子どもに対する対応は発展してきているが、近年は、障害があるかどうかはっきりわからないが、行動や育ちが気になる、いわゆる「ちょっと気になる子ども」の増加が、1990年代ころから問題視されるようになってきた。「ちょっと気になる子ども」の問題は、2004年に成立した発達障害者支援法をきっかけに、発達障害の問題として捉えられるようになってきた。発達障害者支援法では、「発達障害とは、自閉症、アスペルガー症候群その他の広汎性発達障害、学習障害、注意欠陥多動性障害その他これに類する脳機能の障害であってその症状が通常低年齢において発現するものとして政令で定めるものをいう。」としている。さらに杉山（2007）は、被虐待児にも発達障害と似た症状があらわれることを自らの臨床研究や海外の疫学的研究により指摘し、家庭環境の問題によっても発達障害と似たような症状があらわれることが知られるようになってきた。

こうした障害があるかどうかわからないが、発達や育ちの問題が気になる子どもを本書では、「発達に困難をかかえた子ども」として考察することとした。「発達に困難をかかえた子ども」については、その実態がつかみにくいこともあり、統計的研究はあまりなされていない。そこで高橋ら（2003）は、今後の保育・福祉行政及び、保育者研修の方向性を探る為に、地方の中核都市であるA市内の「気になる子ども」の実態を調査し、かつ保育者が必要と考え実行している支援・配慮について分析した。以下にその結果を報告する。

調査対象は、A市の認可保育所で、調査機関は、2002年5月から6月であった。

調査方法は、一次調査質問紙により調査協力の可否を確認し、二次調査で金田ら（2000）の「『気になる』点の分類」を基に、質問紙（表3-1）を作成。協力可能な保育所に対し、「気になる子ども」1人につき1部配布し、保育者に回答を要請した。

表3-1 保育所における「気になる子ども」アンケート質問紙

A　まず始めに、あなた自身についてお伺いします。
問1　性別　　　女　・　男
問2　年齢　　（　　　）歳
問3　職種　　（　　　　　　　　　）
問4　保育経験（　　　）年
問5　あなたはこのお子さんを直接担当していらっしゃる方ですか
　　　　　　　はい・いいえ
B　次に、「気になる」お子さんについてお伺いします（「ちょっと気になる」程度のお子さんでも結構ですのでお答え下さい）。
問6　性別　　　女　・　男
問7　年齢　　（　　　）歳（　　　）ヵ月
問8　そのお子さんの、「気になる」点とはなんですか。以下のあてはまるもの全てに○をおつけ下さい。
　　　（　　）1. 行動について気になる点
　　　（　　）2. 他児・保育者・その他人との関わりについて気になる点
　　　（　　）3. 食について気になる点
　　　（　　）4. 言葉について気になる点
　　　（　　）5. 身体的・精神的な障害、発達等について気になる点
　　　（　　）6. 家族の養育態度について気になる点
　　　（　　）7. 基本的生活習慣について気になる点
　　　（　　）8. その他に気になる点
問9　その「気になる点」について、具体的にご記入下さい。また、医師、専門機関等の診断によって明らかになっている場合は、それも併せてお答え下さい。

C
問10　問8・問9でお答えいただいた「気になる点」に対して、特別な支援・配慮は必要だと思われますか。あてはまるものに1つだけ○をおつけ下さい。
　　　（　　）1. 必要だと思う
　　　（　　）2. 必要だとは思わない
　　　（　　）3. 必要だとは思うが、どうしていいかわからない

問11 問10で、特別な支援・配慮が「1. 必要だと思う」「3. 必要だとは思うが、どうしていいかわからない」と答えられた方にお伺いします。

1) 具体的にはどのような支援・配慮が必要だと思われますか。あてはまるものにいくつでも○をおつけ下さい。
　　（　）1. 専門機関や専門職への相談（来園指導含む）
　　（　）2. 専門性をもった保育士への相談
　　（　）3. 保護者への支援
　　（　）4. 個別指導
　　（　）5. 保育者の専門的な研修
　　（　）6. 加配の配置
　　（　）7. 物的・環境的整備
　　（　）8. 集団内での配慮
　　（　）9. その他

2) これらの支援・配慮について、実際に行われているのはどれですか。あてはまるもの全てに○をおつけ下さい。また、□内に具体的な内容をご記入下さい。
　　（　）1. 専門機関や専門職への相談（来園指導含む）
　　（　）2. 専門性をもった保育士への相談
　　（　）3. 保護者への支援
　　（　）4. 個別指導
　　（　）5. 保育者の専門的な研修
　　（　）6. 加配の配置
　　（　）7. 物的・環境的整備
　　（　）8. 集団内での配慮
　　（　）9. その他

お忙しいなか有り難うございました。ご協力に感謝いたします。

出典：西澤直子・上田征三・高橋実　2003「保育所における「気になる子ども」の実態と支援の課題(1)」『日本特殊教育学会41回大会報告集』p.745。

調査内容は、回答者の性別、年齢、職種、保育経験年数、「気になる子ども」の性別、年齢、「気になる」内容、特別な支援・配慮が必要だと思うかどうか、必要だと思う支援・配慮の内容、実際に行っている支援・配慮の内容であった。

　その結果、「気になる子ども」の割合は、法人立保育所より公立のほうが、女児より男児の方が明らかに高いことがわかった。（表3-2）

　回答者の平均年齢は、公立が39.8歳（経験年数18.4年）、法人立が26.9歳（経験年数6.1年）であった。1人が複数の子どもについて回答している場合もあり、この数値が保育士の平均年齢とイコールではないものの、法人立の保育士の方が公立より若く、保育経験も浅い傾向にあることは推察される。

　また「気になる子ども」の内訳と「気になる」内容に関しては表3-3・図3-1〜3-4のようになった。「特別な支援・配慮が必要だと思うか」への回答は、「必要」83.1％、「不要」5.9％、「わからない」9.1％で、公立・法人立間で大きな差違は見られなかったが、これを保育経験の長さという観点で見ると、経験年数5年未満の人の18％、5〜10年の13％、10年以上の6％が「わからない」と答えている。必要だと思う支援・配慮に関して図3-2〜3-4のようになった。

　「気になる子ども」の割合が公立と法人立で大きく違う理由としては、①「気になる」基準には保育経験が影響すると思われるが、公立には経験年数の長い保育士が多い、②公立は人員配置や定員に相対的に余裕があり、公的立場にもあるので、課題のある子を多く受け入れているなどが考えられる。

　法人立では「個別指導」「集団内での配慮」の実施率が高く、現場での対処を工夫していることが伺える。また、全体的に「保育者の専門的な研修」の実施率が低いが、これは時間的、人員配置的余裕が十分でない為ではないか。必要と感じる保育士が研修を受けられるよう条件整備の必要があるだろう。一方、A市では障害児保育推進のため専門保育士養成の研修システムを近年導入しており、公立で「専門性をもった保育士への相談」「保護者への支援」が高い値を示しているのは専門的研修を受けたベテラン保育士が多い為ではないかと思われる。

　経験の浅い保育士ほど「気になる子ども」への支援に迷いがあるのではな

表3-2 「気になる子」の年齢・性別構成

月齢	全 保 育 所 （人）							
	計	（割合）	女児	（割合）	男児	（割合）	無記入	（割合）
0〜	1	0.1%	0	0.0%	1	0.1%	0	0.0%
12〜	31	4.0%	11	1.4%	20	2.6%	0	0.0%
24〜	89	11.4%	21	2.7%	68	8.7%	0	0.0%
36〜	183	23.5%	46	5.9%	135	17.3%	2	0.3%
48〜	239	30.6%	73	9.4%	165	21.2%	1	0.1%
60〜	188	24.1%	58	7.4%	129	16.5%	1	0.1%
72〜	46	5.9%	12	1.5%	34	4.4%	0	0.0%
無記入	3	0.4%	3	0.4%	0	0.0%	0	0.0%
計	780	100%	224	28.7%	552	70.8%	4	0.5%
月齢	公 立 （人）							
	計	（割合）	女児	（割合）	男児	（割合）	無記入	（割合）
0〜	1	0.1%	0	0.0%	1	0.1%	0	0.0%
12〜	28	3.6%	10	1.3%	18	2.3%	0	0.0%
24〜	72	9.2%	16	2.1%	56	7.2%	0	0.0%
36〜	161	20.6%	42	5.4%	117	15.0%	2	0.3%
48〜	219	28.1%	66	8.5%	152	19.5%	1	0.1%
60〜	170	21.8%	53	6.8%	116	14.9%	1	0.1%
72〜	41	5.3%	10	1.3%	31	4.0%	0	0.0%
無記入	3	0.4%	3	0.4%	0	0.0%	0	0.0%
計	695	89.1%	200	25.6%	491	62.9%	4	0.5%
月齢	法 人 立 （人）							
	計	（割合）	女児	（割合）	男児	（割合）	無記入	（割合）
0〜	0	0.0%	0	0.0%	0	0.0%	0	0.0%
12〜	3	0.4%	1	0.1%	2	0.3%	0	0.0%
24〜	17	2.2%	5	0.6%	12	1.5%	0	0.0%
36〜	22	2.8%	4	0.5%	18	2.3%	0	0.0%
48〜	20	2.6%	7	0.9%	13	1.7%	0	0.0%
60〜	18	2.3%	5	0.6%	13	1.7%	0	0.0%
72〜	5	0.6%	2	0.3%	3	0.4%	0	0.0%
無記入	0	0.0%	0	0.0%	0	0.0%	0	0.0%
計	85	10.9%	24	3.1%	61	7.8%	0	0.0%

出典：西澤直子・上田征三・高橋実　2003　保育所における「気になる子ども」の実態と支援の課題（1）、日本特殊教育学会41回大会報告集、p.745

第 3 章　乳幼児期の保育・療育と地域生活支援　43

表3-3　基礎情報

	合　計	公　立	法人立
市内保育所数	98	61	37
回答施設数	76	60	16
回　収　率	78%	98%	43%
回答施設の定員	6,280	4,755	1,525
回答施設の在籍者数	6,470	4,766	1,704
（在籍者数／定員）	103.0%	100.2%	111.7%
「気になる」と回答された子どもの数	780	695	85
（実対象者数／在籍者数）	12.1%	14.6%	5.0%
女　児	224	200	24
（女児／在籍者数）	3.5%	4.2%	1.4%
男　児	552	491	61
（男児／在籍者数）	8.5%	10.3%	3.6%
無記入	4	4	0
（男児／在籍者数）	0.1%	0.1%	0.0%

出典：西澤直子・上田征三・高橋実　2003「保育所における「気になる子ども」の実態と支援の課題（1）」『日本特殊教育学会41回大会報告書』p.745。

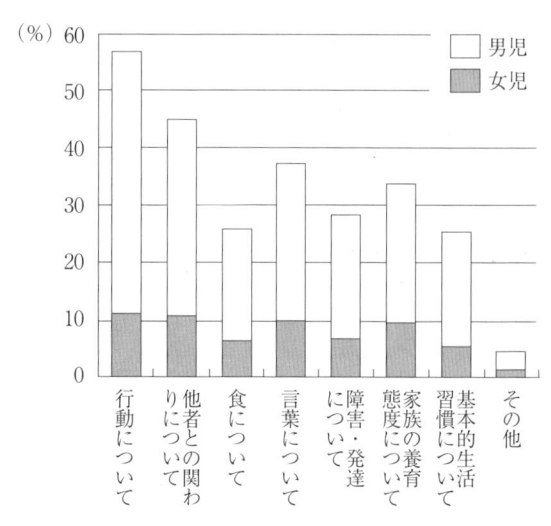

出典：西澤直子・上田征三・高橋実　2003「保育所における「気になる子ども」の実態と支援の課題（1）」『日本特殊教育学会41回大会報告集』p.745。

図3-1　「気になる」内容

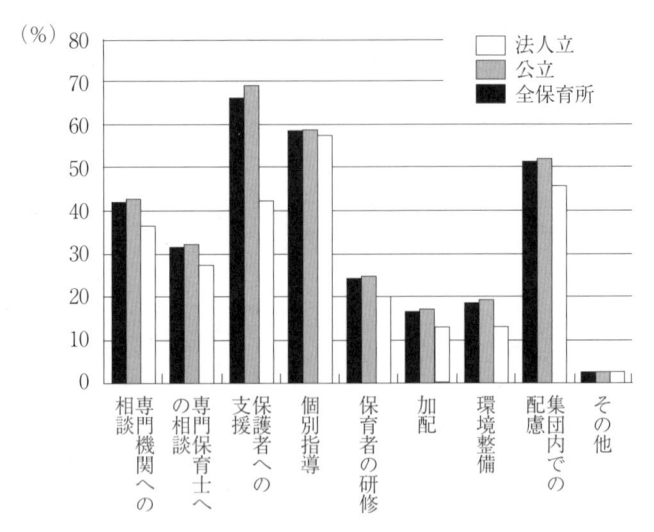

出典：西澤直子・上田征三・高橋実　2003「保育所における「気になる子ども」の実態と支援の課題（1）」『日本特殊教育学会41回大会報告集』p.745。

図3-2　必要だと思う支援・配慮の内容

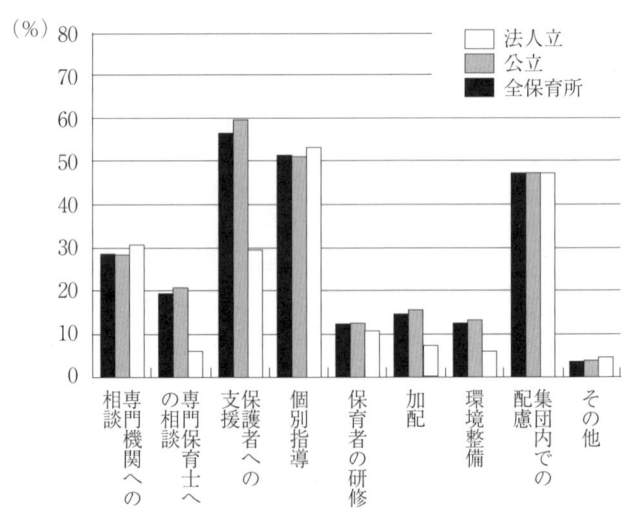

出典：西澤直子・上田征三・高橋実　2003「保育所における「気になる子ども」の実態と支援の課題（1）」『日本特殊教育学会41回大会報告集』p.745。

図3-3　実際に行っている支援・配慮の内容

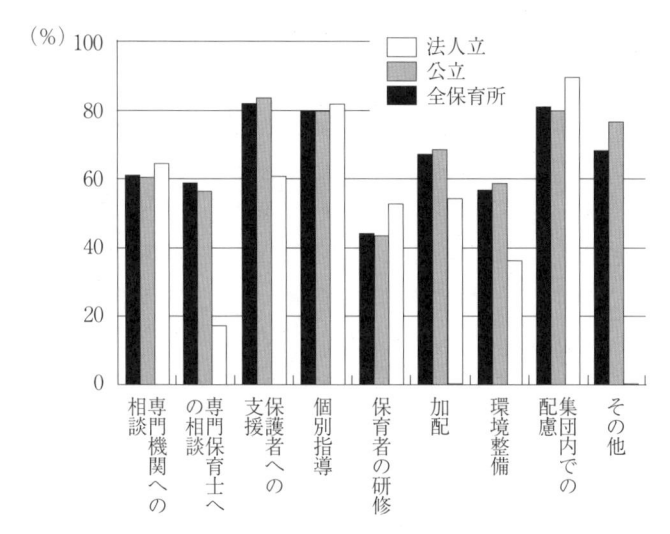

出典：西澤直子・上田征三・高橋実　2003「保育所における「気になる子ども」の実態と支援の課題（1）」『日本特殊教育学会41回大会報告集』p.745。

図3-4 必要だと思う支援・配慮の実施率

いかという結果もあり、適切な支援を行うには、まず知識と技術と経験の豊富な保育士を育てること、そしてそれを支えるコンサルテーションシステムや人員配置、環境整備などの充実が不可欠であると考える。

次に、質問紙調査のうち、保育士が「気になる」とする子どもの状況について質的に検討した。保育士に対する質問紙調査によって得られた回答の中で、子どもが気になるとする点について、8つのカテゴリーの中から選択する回答と自由記述による回答及び子どもの年齢について分析した。

選択肢として用意したカテゴリーは、1．行動について気になる点、2．他児・保育者・その他人とのかかわりについて気になる点、3．食について気になる点、4．言葉について気になる点、5．身体的・精神的な障害、発進等について気になる点、6．家庭の養育態度について気になる点、7．基本的生活習慣について気になる点、8．その他に気になる点で、あてはまるものすべてに記入させるものであった。

回答されたカテゴリー選択を数量化Ⅲ類の手法を用いて「気になる子ど

も」の特性を分類した。また、カテゴリー選択の特性を子どもの月例ごとに分類し、その傾向を分析した。

　自由記述の分析は、発表者3人が、記述内容を分類しコード表を作成したあと、780人分を分担してコード化した。なお40人分については、別々にコード化したあと照合を行い、その一致率は89.2%であった。

　数量化Ⅲ類による8つの選択肢の分析により、5つの特性弁別軸が見いだされ、そのカテゴリースコア及び、固有値・寄与率・相関係数は表3-4、表3-5の通りであった。

　第1軸は、「カテゴリー分類できない特性」、第2軸は、「障害・発達要因特性」、第3軸は、「食」を中心とした問題特性」、第4軸は、「家族の養育態度特性」、第5軸は、「ことば遣いの問題特性」と命名した。

　自由記述をコード化して分類した気になる子どもの状況を、各年齢児ごとに、人数の多いものを抽出し、それぞれの気になる子どもの中での割合及び、全在籍児中の割合を出したものが表3-6である。全年齢児の気になる点で多い特性は、粗暴行為・衝動性、基本的生活能力・習慣の未獲得、親などの養育態度、友達とうまくかかわれない、多動・おちつきがない、などの特性であった。5歳児では、友達とうまくかかわれない、が最も多く、4歳児では粗暴行為・衝動性、3歳児では、基本的生活習慣がついていない、2歳児では、表出言語の遅れがある、2歳未満児では、粗暴行為・衝動性がそれぞれもっとも多かった。

　表3-7から気になるとする子どもの比率は、2歳未満児が、他の年齢に比べて低く、2歳～5歳児にかけて徐々に比率が高まる傾向が見られた。

　近年、原因はよくわからないが「ちょっと気になる子」が増えているといわれているが、そうした傾向が「気になるとする子ども」の気になり方の特性の分析からも見いだされた。その他に障害や発達の問題が想定される子ども、家庭環境の要因が主に想定される子ども、そのどちらか特定できないが、食や言葉遣いなどが気になる子どもなどがいわゆる「気になる子ども」の特性として抽出された。

　そして、気になる子どもの状況は、全年齢児では、粗暴行為がもっとも多いが、年齢別にみると発達段階の特性とも関連してその質が、少しずつ異

表3-4　気になる内容の数量化Ⅲ類による各軸のカテゴリースコア

カテゴリ	第1軸	カテゴリ	第2軸	カテゴリ	第3軸
障害・発達	-0.4183	食について	-1.7734	家族の養育態度	-1.1743
家族の養育態度	-0.1822	家族の養育態度	-1.1332	行動	-0.6178
行動	-0.1731	基本的生活習慣	-0.7720	他者との関わり	-0.5638
食について	-0.1685	行動	0.1635	基本的生活習慣	0.0294
他者との関わり	-0.1325	他者との関わり	0.3686	言葉について	0.0896
言葉について	-0.0085	その他	0.4493	その他	0.2514
基本的生活習慣	0.1787	言葉について	0.5573	障害・発達	1.3036
その他	7.2764	障害・発達	1.8574	食について	2.2237
カテゴリ	第4軸	カテゴリ	第5軸		
他者との関わり	-0.9796	障害・発達	-0.9032		
行動	-0.8618	行動	-0.7107		
食について	-0.7145	その他	-0.5883		
言葉について	-0.0823	他者との関わり	-0.2368		
その他	0.1516	食について	-0.1579		
基本的生活習慣	0.7860	家族の養育態度	-0.1146		
障害・発達	1.3360	基本的生活習慣	0.0139		
家族の養育態度	1.6634	言葉について	2.2850		

出典：高橋実・上田征三・西澤直子　2003「保育所における「気になる子ども」の実態と支援の課題(2)」『日本特殊教育学会41回大会報告集』p.746。

表3-5　各軸の固有値、寄与率、累積寄与率、相関係数

	固有値	寄与率	累積寄与率	相関係数
第1軸	0.3966	0.2216	0.2216	0.6297
第2軸	0.3108	0.1736	0.3952	0.5575
第3軸	0.2722	0.1521	0.5473	0.5218
第4軸	0.2357	0.1317	0.6790	0.4855
第5軸	0.2175	0.1215	0.8005	0.4663

出典：高橋実・上田征三・西澤直子　2003「保育所における「気になる子ども」の実態と支援の課題(2)」『日本特殊教育学会41回大会報告集』p.746。

表3-6　各年齢児の気になる子どもの状況

全年齢児	人数	780人中%	6,470人中%
粗暴行為・衝動性	145	18.59	2.24
基本的生活能力・習慣がついてない	135	17.31	2.09
親などの養育態度の問題	126	16.15	1.95
友達とうまく関われない	123	15.77	1.90
多動・落ち着きがない	120	15.38	1.85
5歳児	人数	234人中%	1,390人中%
友達とうまく関われない	51	21.8	3.67
粗暴行為・衝動性	42	17.9	3.02
親などの養育態度に問題がある	41	17.5	2.95
注意の集中が困難である	38	16.2	2.73
理解言語の遅れがある	36	15.4	2.59
4歳児	人数	239人中%	1,510人中%
粗暴行為・衝動性	42	17.6	2.78
基本的生活能力・習慣がついてない	41	17.2	2.72
親などの養育態度に問題がある	38	15.9	2.52
多動・落ち着きがない	37	15.5	2.45
友達とうまく関われない	34	14.2	2.25
3歳児	人数	183人中%	1,544人中%
基本的生活能力・習慣がついてない	44	24.0	2.85
多動・落ち着きがない	39	21.3	2.53
粗暴行為・衝動性	39	21.3	2.53
表出言語の遅れがある	29	15.8	1.88
かんしゃくをおこす	27	14.8	1.75
2歳児	人数	89人中%	983人中%
表出言語の遅れがある	24	27.0	2.44
親などの養育態度に問題がある	18	20.2	1.83
基本的生活能力・習慣がついてない	17	19.1	1.73
偏食がある	16	18.0	1.63
粗暴行為・衝動性	16	18.0	1.63
2歳未満児	人数	36人中%	1,053人中%
粗暴行為・衝動性	6	17.1	0.57
運動発達の遅れがある	5	14.3	0.47
友達とうまく関われない	5	14.3	0.47
表出言語の遅れがある	4	11.4	0.38
咀嚼力や嚥下に問題がある	4	11.4	0.38
言語による表現が困難である	4	11.4	0.38
視線があわない	4	11.4	0.38
偏食がある	4	11.4	0.38
言語による表現が困難である	4	11.4	0.38
かんしゃくをおこす	4	11.4	0.38
咀嚼力や嚥下に問題がある	4	11.4	0.38

＊　各年齢の上位5番目までの気になる状況
＊＊　%の分母の人数は、左が気になる子ども、右が全在籍児
出典：高橋実・上田征三・西澤直子　2003「保育所における「気になる子ども」の実態と支援の課題（2）」『日本特殊教育学会41回大会報告集』p.746。

表3-7 気になる子の割合

年齢階層	在籍児中%
全年齢	12.1%
5歳児	16.8%
4歳児	15.8%
3歳児	11.9%
2歳児	9.1%
2歳未満児	3.4%

出典：高橋実・上田征三・西澤直子 2003「保育所における「気になる子ども」の実態と支援の課題(2)」『日本特殊教育学会41回大会報告集』p.746。

なっていることが推察される。

また、保育士が気になると考える子どもの比率が年齢とともに高まるのは、子どもと関わった期間の長さや卒園までに対処する必要性が高まることと関係があるのではないかと推測した。

こうした子どもの増加により、これまでの障害児保育の枠組みだけでは解決できない問題を含んでおり、保育実践そのものの見直しや巡回相談や保育者の研修などの専門的相談支援体制の新たな見直しが求められているのではないかと考える。

3．発達に困難をかかえた子どもの保育の課題

「ちょっと気になる子ども」の増加に伴う問題は、それまで障害児の「統合保育」の課題として障害児と健常児とをいかにうまく統合して保育するかに視点があてられていたが、インクルージョン概念の浸透にも伴い、近年は特定の子どものみに視点を当てた支援のみならず、課題のある子も含めたクラス運営のあり方や保護者支援のあり方をあわせて検討する必要があると考えられるようになってきた。

そこで、高橋（2008）は、B幼稚園の4歳児クラスにおいて、クラスの環境構成や発達や行動が気になる子どもの発達支援、それらの子どもを含めた保育における言葉かけの質、保護者への支援等について総合的に検討した。

方法は、①保育学生による参加観察、②保育者からのクラス運営に関する聞き取り、③気になる子どもの発達検査、④保育者と障害児保育の専門家との連携による保護者支援、などであった。それぞれの実施状況は、次の通りであった。

①観察時期・時間、観察内容は以下のとおりであった。
観察時期
　　Ⅰ期　6月20日　　8：30～10：30
　　　　　6月27日　　8：30～10：30
　　Ⅱ期　9月28日　　8：30～10：30
　　　　　9月29日　　8：30～10：30
　　Ⅲ期　11月17日　10：50～12：20
　　　　　11月24日　10：50～12：20
観察内容
　　1）学生や保育者の声かけに対する子どもの反応
　　2）保育内容の継時的変化
　　3）全体の環境構成に対する継時的観察
　　4）保育者の保護者への働きかけ
②保育者からの聞き取り
X＋1年　1月13日
③発達検査の経過と保護者支援
新版K式発達検査を継時的に実施し、保育者とのコンサルテーション、保護者への発達相談を実施した。
　　T児　X－1年5月、X年3月・7月
　　　　　X＋1年6月
それぞれの検査結果を医療機関に紹介し、連携するとともに、難聴幼児通園施設への平行通園を開始した。X年8月にアスペルガー症候群の診断を得た。
　　R児　X年5月、X＋1年1月、X＋1年8月
　　　　　X－1年、母が独自に相談した医療機関で自閉症との診断を受けた。
　　S児　X＋1年1月　発達の遅れはみられず、経過観察とした。
④保育学生による参加観察における声かけと子どもの反応
　自ら選んだ遊びの参加観察の中でしてきた声かけを、成功した声かけ、失敗した声かけに分け、子どものことば□□□、学生の声かけ□□□とパター

ン化した。また、成功した声かけについては成功のきっかけとなったことばを**太字**で表し、その特徴的なエピソードを示した。

成功した声かけ

エピソード1

　S児、N児、A児、T児、K児がスライムで遊ぼうとしていた時、M児がスライムを全部取って遊びはじめた。すると、

T児：「Mちゃんちょっと分けて」

M児はしらんぷりで遊ぶ。だんだんみんながM児に「一人で使っちゃいけん」と言い出した。

学生：「Mちゃん、お友だちもスライムしたいみたいだよ？　どうしたらいいかなぁ？」

M児：「……」するとS児がM児に

S児：「**スライムを机の真ん中において、そしてみんなで分けて使えばいいが！**」

M児：「いいよ」と言ってスライムを真ん中においた。

|要求|→|他児からの批判を無視|→|他児の気持ちの代弁|→|沈黙|→|他児の提案|→|了解|

エピソード2

S児：「絵かく!!」

と私に言って、ホワイトボードに描きはじめた。

学生：「それは何かなぁ？」

S児：「かたつむり」

学生：「**ほんまじゃ！かたつむりじゃ。上手に描けとるね。Sくんかたつむり好きなん？**」

S児：「うん！」

次は何を描くのかと見ていたら、怪獣を描いて

S児：「かたつむりに近づいてきて、かたつむりを倒そうとしている！でもかたつむりはミサイルを撃った!!そして怪獣は倒れた。」

|質問|→|返事|→|褒める|→|イメージを語る|

失敗した声かけ

エピソード１

　M児とR児が砂場でさら粉を作っていた。そのときS児が靴を履き替えて外に出ようとしていた。

R児：「あっ、Sくんが外に出てくるよ。」

学生：「ほんとだ！Sくんじゃぁ。何かかっこいいもの持っとるなぁ！」

S児は手作りのバズーカーを持っていた。

R児：「Sくん叩いたり、噛んだりしてくるけぇ嫌い‼」

と言いだした。するとM児も

M児：「私も嫌い」

学生：「SくんはRちゃん達と一緒に遊びたいんだと思うなぁ。Rちゃんたちが好きだからおもわず叩いたりしてしまうんじゃないかなぁ」

M児、R児は黙っていて、しばらくしてから

M児、R児：「でも嫌い」

|他児のS児への注目| → |学生のS児への注目| → |他児のS児への反発| → |反発への共感| → |S児の気持ちの代弁| → |M、R児のS児への反発|

エピソード２

　砂場でT児がバケツの中に何かを入れて遊んでいた。覗いてみると、水の中にアリが浮いていた。

学生：「（驚いて）Tくん何しょん⁉」

T児：「（うれしそうに）アリさんを泳がしとるんよ」

学生：「そんなことしたらアリさん苦しいよ」

T児：「苦しくないよ！アリさん泳いどるもん」

|問いかけ| → |応答| → |アリの気持ちの代弁| → |反論|

　この結果から、成功した声かけの共通点がみえた。成功した声かけすべてにいえることは、幼児の気持ちに共感し、褒め、子どもが自信を持てるような声かけをしているということだった。また一対一での会話ではなく、他児を巻き込むような声かけをした場合も成功した。失敗した声かけの共通点は、子どもの気持ちに共感していないということだった。

⑤行動の気になるＳ児の発達的変化

　Ｓ児の幼稚園での様子を設定保育に注目して観察した。また、Ｓ児が発達検査を受けるにあたっての保護者への支援を保育者からの聞きとりから考察した。

設定保育での様子

　［４月］保育室で椅子に座って待たなければならないときに、おしゃべりをしている子に対して、「みんなお話はだめだよ。手はお膝だよ。」とクラス全体に呼びかけていた。（保育者からの聞き取り）

　［５月］友だちとトラブルが起きたとき、カッとなり叩いたり噛んだりしてしまうことがあった。（実習生からの聞き取り）

　［９月］待ち時間はじっとしておらず、砂じじりなどの１人遊びをしていることが多い。
　　　　　アンサンブルで踊るダンスをＴ児ととても楽しそうに笑顔で踊っていた。

　［11月］保育者と一緒なら縄跳びをするが、保育者がいなくなると面倒くさがるなどの様子が見られる。

自ら選んだ活動での主体的な活動

　［９月］砂遊びの場面では、水溜りに浮かんでいる落ち葉を魚に見立てて魚釣りをし、友だちと楽しそうに遊ぶ様子が見られた。

　［11月］ままごとの鍋のふたをコマのように回しながら「ウヒヒヒ」と楽しそうに笑っていた。

保育者の保護者への働きかけ

　保育者はＳ児の行動が気になることを保護者に話す前に毎日Ｓ児の送迎時に母親との信頼関係を作るよう努めた。保護者懇談ではテーマを変えながら話し合った。Ｓ児の行動に対して、母親も気になることがあったが、保育者の気になる点と違い、このときに発達検査のことを話すと、母親はＳ児のことを否定的に見てしまうかもしれないと感じタイミングをはかった。12月になって初めて保護者にはＳ児の実態をありのまま伝えた。一対一で会話をするときに、目線が合わないときがあること、設定保育で保育者が子どもたち全体に話をしている場面において、集中できないときが多いこと、カッとな

りやすく友だちとのトラブルでは手を出してしまうときがあることなどを話した。

発達検査を受けるにあたって、Ｓ児の保護者が検査を受けることに不安を感じないよう、検査は発達像を把握して今の課題を見つけ、Ｓ児に合った保育を行うためにするものであることなど、保護者の不安が軽減されるよう説明した。検査前、母親はＳ児に知的な遅れがあるか不安を感じていたが、検査結果によると知的な遅れはみられず、母親は安心したようだ。

考察

観察と保育者からの聞き取りより、Ｓ児は言葉で相手に伝えるよりも先に行動するため、友だちとの間でトラブルになることが多いと感じた。しかし、発達検査の結果は理解・言語能力などの知的面での発達は遅れが見られるどころか、むしろ優れているぐらいだった。しかし、今の段階ではＳ児は、社会的文脈や場面の全体的状況を把握することに若干の弱さがあると推測された。そこで今以上にＳ児に対して保育者が丁寧に聞き取りをしたり、状況の説明や指示を伝えることにより、問題が軽減してくるのではないかという専門家の助言があった。これらのことから、気になる子どもがいたとき、心配している保護者とまずは信頼関係づくりに努めたのち、保護者のことばを傾聴しながら、集団での様子を伝えていくことが大切であることが分かった。そして、小児医療や発達の専門家と連携して対応していくことの必要性が明らかになった。

⑥自閉症Ｒ児の発達的変化

Ｒ児の幼稚園での活動の様子を、主体的な行動と言葉やコミュニケーションの２つに注目し、変化を観察した。また、保育者の聞き取りも参考に考察した。

観察の結果

Ｒ児の主体的な活動について

Ｒ児が自分で行った行動や、楽しそうに行った行動の主なエピソードを観察現場から取り出した。

［６月］登園時：シール貼り、荷物の整理は自ら行う。
　　　　　遊び：好きな絵本を読む。ままごとコーナーでの一人遊びが中心。

(室内での遊びを好む。)
［9月］遊び：三輪車にのる姿、ダンスを楽しむ姿が見られる。(室外での活動が中心)
［1月］遊び：鉄棒を友達の姿を見て、自分からする姿が見られる。(保育者からの聞き取り)

2) **言葉とコミュニケーションについて**
［6月］絵本を読みながら果物の数を数えたり、食べ物の名前を言うなど、物に対しての言葉がある。
［9月］お茶タイムの時間に、保育者が「もうお茶飲んだ？」と聞くと、「まだ」と答え、「もう飲まないの？」と声をかけると「いや」と自分の気持ちを伝えている様子が見られる。
［11月］渡りばしを渡って遊んでいる時に、「お〜いF先生」など保育者を呼ぶ姿が見られる。

観察結果の考察

　遊びに関しては、6月は室内での一人遊びが中心だったが、9月に入ると、室外で三輪車に乗ったり走り回ったりして遊ぶことが多かった。またダンスを楽しそうに踊る姿も見られた。そのきっかけは設定保育でしたリズム遊びであった。最初は音の大きさや騒がしさに不安を感じていたが、保育者がR児の手をひいて一緒に踊っているうちに自分から活動に参加するようになった。そして、先生の手を引っ張ってカセットの再生を押すよう要求する姿がみられるようになった。このようにR児が体を動かして遊ぶことの楽しさを感じられるようになったのは、保育者が根気強くR児に活動の楽しさを伝えていったことが一番の要因だと考える。主体的な行動をとっている時は、比較的表情も柔らかく、笑っていることが多かったが、何をして良いのか分からないような場面では、拒否をする姿が見られた。そのときは、表情が固く笑っていないことが多かった。こうしたことから、保育者はR児が混乱しないように次の活動を解かりやすく伝えたり、困っている時にはその気持ちに寄り添いながら、R児の気持ちが安定するように努めることが、R児の主体的な活動が増えることにつながったのではないかと思われる。さらに、R児の主体的な行動をたくさん褒めて認めることで自信が持てるようになるのだ

と考察する。

　言葉やコミュニケーションについては、6月は自己と他者の区別が明確でなく、他者とコミュニケーションをとることより、自分で絵本を読み、その内容ででてくる物の名前を言うことにのみ関心を持っていたのではないかと思われる。しかし、自他の区別が明確になり、他者の問いかけに対して、応答的に答えられるようになり、他児への関心が広がっていったと思われる。

　その背景は、保育者がR児とじっくり関わり、R児の好きな遊びや興味のあるものを理解し、同じ遊びを共有したり、R児のペースに合わせて、援助をしていく中で、こだわりを受け止め、R児の気持ちに寄り添う支援をしたことにあるのだと考察する。また、日常生活の中で挨拶などの簡単な会話のやりとりを欠かさず行い、保育者は他児の様子を伝えるなど、丁寧な言葉かけを続けたことにある。そうしたことにより、R児は安心し、保育者をこころのよりどころにしたのではないだろうか。その結果、保育者とR児との間に信頼関係が生まれたと言える。また、その信頼関係が確立したことから、R児が他児に目を向けられるようになったのではないかと考察する。

⑦T児（アスペルガー症候群の疑い）の発達的変化

　T児の幼稚園での遊びの様子やことば、保育者や他児とのかかわりに注目して観察・記録する。そのなかから特徴的な部分を取り出した。

ことばによるコミュニケーションのエピソード

　［6月］園庭で三輪車遊びを始めるときO児に、
　　　　T児：「いれて、って言って。」
　　　　O児が「いれて。」と言うと一緒に遊びだした。

　［9月］砂場でO児と学生の3人で遊ぶ。
　　　　「これ（バット）がいっぱいいるんよ〜。」と周りに教えるように言ったり、「Oくん、こっちみて！ぼくの方むいて！」という。

　［11月］タイヤ飛びで遊んでいるとき、学生に、「上手と思ったらパチパチして」や、「みてて」という。

保育者や他児とのかかわりのエピソード

　［6月］自分から学生に近づいてきたため、抱きかかえ、くすぐったり、揺らしたりすると喜ぶ。

短大の近くの公園まで歩いていき、着いたらすぐ保育者のもとへ行ったり、O児と手をつなぐ。

［9月］登園時、保育者に抱きしめるように体を触ってもらったりスキンシップをとってもらう。

みんなでダンスを踊る場面。先生のところやR児のところへいき、その場にじっとしていない。

保育者の「お友だちと2人組になって。」ということばを聞き、真っ先に保育者とつなぎに行く。

［11月］R児の手を引いて、のり板を片付けに行く。

R児にぶつかっていったり、抱きついていったりする。一方的だったためF先生が止めに入る。

観察結果の考察

　まず、ことばについてT児がよく発している「言って」ということばは、T児の"言って欲しい"という期待の表れである。つまり、T児のなかに返答や遊びの展開の決まりや予定のようなものがあらかじめできているのではないかと考える。そして、その予定と違う返答を嫌うT児の一種のこだわりのようなものがうかがえる。それが観察を重ねるにつれ減少してきたのは、幼稚園での他児との多様な遊び体験を通して、違った展開も受け入れられる見通しが持て始めたのではないかと推察する。まだ自分の思った通りになってほしいという思いが感じられることばはあるが、それと共に周りの子を意識し、保育者のことばを繰り返し伝えようとする場面も多くみられるようになった。

　次に、保育者や他児とのかかわりについてである。T児はスキンシップでのかかわりを好み、コミュニケーションをとっている。特に大人とのかかわりを求め、スキンシップをとってもらうことで安定していた。そうしたなかで、だんだんとまわりに目がいくようになり、9月には自閉症のR児への関心が顕著にみられるようになった。保育者からの聞き取りでは、お互いに好きな三輪車遊びを通して仲良くなったのではないかと思われる。T児の話しかけにR児も答えるようになったりと、関わりのなかでお互いに刺激しあい伸び合っているようだ。ただ、T児が自分の思いばかりをだしてしまう面も

みられ、R児が困ることもしばしばある。そのときには保育者が「困った顔してるよ」と、R児の思いにも気づかせるよう働きかけている。

　以上から、T児が集団のなかの自分を意識し、他児に目がいくようになったことがわかる。

⑧気になる子を含めたクラス運営について

全体の環境構成の変化

　1月の保育者からの聞き取りも参考に、6月と9月の参加観察より、1学期から2学期へかけての保育室の環境構成の変化を比較し考察した。

保育者からの聞き取りによる4月当初の保育室の環境構成

・4歳から入園してくる子もいるため、家庭的な雰囲気を基調としている。（家庭と同じおもちゃを用意、ままごとコーナーの充実）
・目に見える表示をこころがける
　　1）一人ひとりのマークを決め、そのシールを持ち物やロッカー、道具箱、靴箱、コップかけ、タオルかけ等すべてに貼っておく。
　　2）イスを片付ける場所（床）にテープを貼っておく。
　　3）帳面にシールを貼る際、子どもたちが分かりやすいよう、帳面の次の日の場所に○を書いておく。
　　4）帳面の当月のページをカラーコピーし、貼っておくことで、子どもたちが自分で見て貼れるようにしておく。（4月～5月始め）

環境構成の変化に対する考察

　この結果から全体的に視覚的な表示・指示が多く用いられていると感じた。この手立ては自閉症児に限らず、どの子にとっても分かりやすい。また、4月からイスを片付ける視覚的指示として貼っていた床のシールを、子どもが椅子を5つ重ねて片付けるということを理解できるようになった時期にはがしたり、一人遊びの時期から友だちと楽しく遊ぶ時期への移行を考慮して積み木を片付けるなど子どもの発達に合わせて、保育室の環境を変化させていることが6月と9月の観察よりわかった。このように発達年齢に応じて環境構成も変化させていくことが必要であることがわかる。

保育内容の継時的変化

　設定保育：クラス全体への働きかけを重視する段階から、個別のトラブル

への対処法を模索する段階、気になる子どもが、笑顔を見せたり、主体的活動を行う場面をみつけ、その姿を引き出す取り組みを行う段階へと変わっていった。

自ら選んだ活動：9月以降になって、ひとりひとりの特徴が把握され、子どもも集団に慣れる中で、T児の砂場での見立て遊びや、R児の鍋を回す遊びなどでの楽しそうな笑顔がみられることが多くなった。

気になるこどもを含めたクラス運営の総合的考察

徳田・遠藤（1998）は「幼児期では、この世の中にはいろいろな人が共存しているということを知ることが目標となる。」と、述べている。いろんな人とは、ハンディのある人だけではなく、高齢者や外国人など、自分とは違った外観的特徴を持つ人などすべてを含めたすべての人のことである。そういったことを知らせる時の保育者の配慮として、子どもたちが疑問に思ったことに対して誤った認識を与えないようにその子がどのような気持ちでその質問を発しているのかを考え、それに合った表現や説明をすること、1度きりではなく機会を見つけて、何度か伝えることだと考える。そして、子どもたちに質問を投げかけ、子ども自身で考え、理解できるような機会を持つことが重要である。

また、子どもたちは障害のある子を障害児という概念で認識しているのではなく、クラスの中の友だちの一人としてあるがままの姿を捉えている。それは子どもが、保育者の障害児を含めた子ども一人ひとりに合ったかかわり方やまなざしを見て、周りの子どもを捉えるからである。したがって保育者の障害児に対するかかわり方やまなざしが、最も集団作り・クラス運営に影響するのだということがわかった。クラスの中で、いつも怒られたり、援助されるだけの関係をつくるのではなく、気になる子に対してもその子のいいところ、できることを知らせていったり、周りの子にとってなくてはならない存在になるような役割をつくり、充実感を味わえたり、周りから一目置かれるような機会を作っていく必要があると考える。子どもの動線を配慮した机や遊びのコーナー設置、個別のマークを持ち物やロッカー、道具箱、靴箱、コップかけ等に貼っておく、椅子を片づける場所にテープを貼っておく、

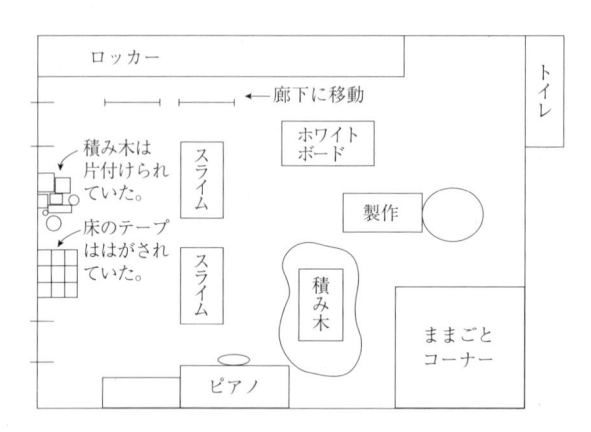

図3-5 6月27日と9月28日の環境構成の変化

```
┌─────────────────────────────────────┬──┐
│        ロッカー         ←廊下に移動 │トイレ│
│ ┌──┐    ┌──┐  ┌────┐              │  │
│ │積み木は│ │ス │  │ホワイト│              │  │
│ │片付けら│ │ラ │  │ ボード │              │  │
│ │れていた│ │イ │  └────┘              │  │
│ └──┘  │ム │  ┌──┐                │  │
│ ┌──┐  └──┘  │製作│     ○         │  │
│ │床のテープ│  ┌──┐  └──┘              │  │
│ │ははがさ │ │ス │      ╭──╮         │  │
│ │れていた │ │ラ │      │積 │         │  │
│ └──┘  │イ │      │み │  ┌────┐│
│          │ム │      │木 │  │ままごと││
│          └──┘      ╰──╯  │コーナー││
│              ┌──────┐              └────┘│
│              │ ピアノ │                      │
│              └──────┘                      │
└─────────────────────────────────────────┘
```

・ロッカー前のタオル・コップかけ→廊下へ移動
・積み木→片付けられていた
・椅子を片付ける場所に、テープでイスを片付けやすいように
　線を貼ってあった→なくなっていた

など視覚的手がかりを用いた環境設定に配慮するとともに、生活に慣れるに従って、床のテープをはがしていき、子どもの自主的な判断で動けるよう環境条件を変化させていることが環境構成の観察から見いだされた（図3-5）。

⑨幼稚園における特別支援に関する総合的考察

　幼稚園における特別支援は、障害のある、なしに関わらず、子ども一人ひとりに合った支援をするという考え方であり、この考え方はユネスコのサラマンカ宣言で定義されている「インクルージョン」という考え方に基づいたものである。子どもの個性や発達の状態を適切に把握したうえで、気になる子どもを含めた一人ひとりに合った保育を総合的な観点から見なおしつつ、発達や特別支援の専門家とも連携しながらクラス運営を行っていくことが大切であることがわかった。

4．発達に困難をかかえた子どもの生活と地域生活支援の課題

(1) アンケート調査の実施

高橋 (2009) は、近年増加傾向にある発達障害児を中心とする発達に困難をかかえた子どもの地域生活支援の課題をさぐるため、地方の中核都市A市における発達に困難をかかえた子どもを育てる親の心境や支援ニーズに関するアンケート調査を実施した。そしてその家族に対し、どのような支援の在り方やシステムが求められているのか、その課題の端緒をさぐることとした。

アンケートの質問内容は、障害者総合相談窓口の児童の担当相談員、障害児通園施設、児童デイサービスの園長、B親の会などから予備的に聞き取り調査を行い、保護者に対する支援ニーズを把握する上で必要と考えられる内容を検討し、表3-8のような質問項目を作成した。

配布先は発達障害児を中心とした子どものB親の会の保護者（結成から約10年）、障害児通園施設（知的障害児通園施設2園、児童デイサービス2園、難聴幼児通園施設に通う発達障害児）の保護者で、配布期間は2008年10月〜12月であった。

なお、今回の調査は、子どもの障害をある程度受け止めている保護者にしか依頼できなかったため、保育所や幼稚園のみに在籍する子どもの比率が少なかったり、知的障害をともなう発達障害児の比率が高いなどの片寄りが生じているが、量的なデータより質的なデータに注目して分析した。配布数は143部、回収数は101部、回収率は、70.6％であった。

倫理的配慮として、アンケート配布により、傷つくかもしれない保護者への配布をさけるため、日ごろ保護者に接している障害児通園施設職員と親の会の役員に目的を伝え、障害の認知ができていると思われる人にのみ配布を依頼した。また、発達障害という言葉は用いず、すべて「発達の課題」として尋ねた。

得られたアンケートデータをエクセルにすべて入力し、数値データを処理すると共に、自由記述のデータをカテゴライズし、共通と思われる内容を積算し、全体の割合（％）を求めて整理し、分析した。

表3-8　アンケートの質問内容

質　問　内　容
1. 子どもの年齢・性別・課題の有無
2. 発達に課題がある子どもの所属
3. 親の年齢・家族形態
4. アンケート記入者
5. 発達に課題があると伝えられた時期と内容
6. 発達に課題があると伝えられた機関
7. 告知の具体例とその時の心境
8. 医療機関により発達にかかわる何らかの診断を受けたか
9. 診断を受けた医療機関名・障害名・診断時の年齢
10. 育てていく中で一番大変だった時期とその悩み
11. 悩んだ時にどういう人のどのような働きかけが支えになったか
12. 今後、家庭への支えになる施策としてどのような機関がほしいか

出典：高橋実　2010「発達障害児の生活と地域支援の課題」『障害科学研究　第34巻』

さらにアンケートによる支援や施策ニーズがどのような現状からもたらされるのかを明確にするため、A市における障害児の公的な支援システムを整理した。

就学前のシステムについては、保健所への聞き取り調査（2009年7月実施）を行い、自立支援協議会発達支援部会で作成した子育て資源ガイド、就学後については、就学指導委員会資料、教育員会のホームページの公表データをもとに整理した。

(2) アンケートの結果と考察
①子どもの年齢・性別・課題の有無

回答のあったアンケートの子どものなかで、ダウン症のように生まれてすぐに障害がわかる子どもを除き、発達障害またはその可能性のある子どもの回答を基礎データとした。

回答のあったアンケートでのきょうだい児を含めた全子ども数は表3-9に示すように180人（平均年齢7.1歳）で、うち課題があると回答された子ども

表3-9 課題のある子どもの内訳

子どもの条件	人　　数	割合(%)
全子ども数	180	100
課題があるとされた子ども数	119	66.7
課題のある男児	94	52.2
課題のある女児	26	14.4

出典：高橋実　2010「発達障害児の生活と地域支援の課題」『障害科学研究　第34巻』

は119人（平均年齢6.9歳）であった。その男女比は、約3.8：1であった。

②発達に課題がある子どもの所属

　表3-10のように障害児通園施設が37.8％（45名）と一番多く、障害児通園施設と保育所の平行通園が10.1％（12名）、小学校（通級学級）10.1％（12名）で児童デイサービス、小学校（特別支援学級）はそれぞれ6.7％（8名）であった。

③子どもの所属別の指摘年齢、診断年齢、診断を受けた比率

　表3-11に発達に課題があると指摘された年齢、診断年齢、診断を受けた比率を示した。全体では、指摘年齢の平均が2歳11か月、診断年齢の平均は、4歳7か月、診断を受けた比率は75.7％で、指摘から診断までの期間は、平均で1年8か月で、障害が比較的重いと考えられる特別支援学校生、障害児通園施設またはデイサービスに所属する子どもが、指摘年齢、診断年齢が早い傾向にあったが、診断比率は、逆に低い傾向にあった。

④発達に課題があると指摘された年齢と内容

　表3-12に示すように、発達に課題があると指摘された年齢は、1歳台が最も多く45.9％（56人）を占め、言葉の遅れを指摘される場合が、全体の17.2％（21人）、ついで多動・AD/HD9.0％（11人）、発達の遅れ6.6％（8人）であった。次に多かったのは、3歳台で20.5％（25人）で、言葉の遅れ、コミュニケーションが難しいがそれぞれ3.3％（4人）、社会面・対人関係の

表3-10　発達に課題があるとされた子どもの所属

子どもの所属	人数	割合
通園施設	45	37.8
保育所＋通園施設	12	10.1
小学校通級学級	12	10.1
児童デイサービス	8	6.7
小学校特別支援学級	8	6.7
幼稚園＋通園施設	4	3.4
特別支援学校	4	3.4
小学校通常学級	3	2.5
中学校通級学級	3	2.5
高等学校	3	2.5
保育所	2	1.7
幼稚園	2	1.7
中学校通常学級	2	1.7
中学校特別支援学級	2	1.7
小学校通常学級＋児童デイサービス	1	0.8
無記入のため不明	8	6.7
合計	119	100.0

出典：高橋実　2010「発達障害児の生活と地域支援の課題」『障害科学研究　第34巻』

表3-11　指摘年齢・診断年齢の平均

子どもの所属	人数	指摘年齢の平均	診断年齢の平均	診断を受けた比率(%)
全体	108	2歳11か月	4歳7か月	75.7
障害児通園施設 または児童デイサービス	51	2歳1か月	3歳3か月	68.6
小学生	24	4歳2か月	5歳11か月	91.7
保育所・幼稚園 または並行通園	19	2歳5か月	3歳10か月	73.7
中高生	10	6歳3か月	7歳2か月	70
特別支援学校生	4	1歳6か月	3歳	50
告知年齢・診断年齢不明	11			

出典：高橋実　2010「発達障害児の生活と地域支援の課題」『障害科学研究　第34巻』

表3-12 発達に課題があると指摘された年齢と内容

年齢	課題	人数(人)	割合(%)
1歳	言葉の遅れ	21	17.2
	多動・AD/HD	11	9.0
	発達の遅れ	8	6.6
	対人関係の課題	5	4.1
	自閉症・自閉傾向	3	2.5
	視線があわない	2	1.6
	運動面の遅れ	2	1.6
	社会性に乏しい	1	0.8
	眠らない	1	0.8
	能力のアンバランス	1	0.8
	無記入	1	0.8
	合計	56	45.9
2歳	自閉症(自閉傾向)	6	4.9
	多動・落ち着きがない	4	3.3
	精神発達遅滞(知的障害)	4	3.3
	はっきりと言われなかった	3	2.5
	コミュニケーション能力が乏しい	2	1.6
	共感性が乏しい	2	1.6
	対人関係の遅れ	1	0.8
	こだわりが強い	1	0.8
	言葉が遅い	1	0.8
	合計	24	19.7
3歳	言葉の遅れ	4	3.3
	コミュニケーションが難しい	4	3.3
	社会面・対人関係の困難	3	2.5
	多動・AD/HD	3	2.5
	発達(知的な)の遅れ	2	1.6
	自閉症(自閉傾向)	2	1.6
	広汎性発達障害	1	0.8
	情緒に課題がある	1	0.8
	場面緘黙	1	0.8
	排泄の遅れ	1	0.8
	年齢より幼い	1	0.8
	発達にかたよりがある	1	0.8
	こだわりが強い	1	0.8
	合計	25	20.5
4歳	発達の遅れ	1	0.8
	合計	1	0.8
5・6歳(就学前)	集団生活が難しい	2	1.6
	イメージ(想像)がつきにくい	1	0.8
	保育所で指先の不器用さから発達相談を勧められた	1	0.8
	合計	4	3.3
小学生	多動・AD/HD	4	3.3
	LD	2	1.6
	多弁	1	0.8
	合計	7	5.7
	不明	5	4.1
	総合計	122	100.0

出典:高橋実 2010「発達障害児の生活と地域支援の課題」『障害科学研究 第34巻』

表3-13 保護者が医療機関で告げられた診断名(説明)

診 断 名	件 数	割合(％)
未診断・不明	31	26.1
広汎性発達障害	19	16.0
自閉症	14	11.8
アスペルガー症候群	9	7.6
ＡＤ／ＨＤ	8	6.7
知的障害＋自閉症	8	6.7
知的障害＋広汎性発達障害	5	4.2
知的障害と思われるが診断名を告げられず	5	4.2
自閉傾向	5	4.2
ＬＤ	4	3.4
発達障害	3	2.5
高機能自閉症	2	1.7
知的障害	2	1.7
場面緘黙	1	0.8
発達性運動協調障害	1	0.8
精神発達遅滞	1	0.8
高機能広汎性発達障害	1	0.8
合　　　計	119	100.0

出典：高橋実　2010「発達障害児の生活と地域支援の課題」『障害科学研究　第34巻』

困難と多動・ＡＤ／ＨＤがそれぞれ2.5％（3人）であった。続いて2歳台が19.7％（24人）で、自閉症（自閉傾向）4.9％（6人）、多動・落ち着きがない、精神発達遅滞（知的障害）がそれぞれ、3.3％（4人）であった。

　次に多かったのは小学生になってからで、5.7％（7人）、で多動（ＡＤ／ＨＤ）とＬＤを指摘された子どもがそれぞれ3.3％（4人）、1.6％（2人）であった。

⑤医療機関で保護者に伝えられた診断名
　医療機関で保護者に伝えられた診断名で一番多かったのは、表3-13のよう

に広汎性発達障害で、16.0％（19人）、次に自閉症11.8％（14人）、アスペルガー症候群11.8％（9人）の順であった。また未診断または未記入のため不明が26.1％（31人）であった。

⑥発達に課題があると伝えられた機関

　表3-14でわかるように、子どもに何らかの発達の課題があることを伝えられる機関は、保健所での1歳6か月児健診が、最も多く21.8％（44人）で、次が難聴幼児通園施設外来相談の12.4％（25人）で、続いて小児科医院9.9％（20人）、以下児童相談所8.9％（18人）、知的障害児通園施設発達支援センター8.4％（17人）と続いている．重複回答もあり、保護者は複数の機関に相談に訪れていることが推測される。

⑦発達に課題があると伝えられた保護者の相談経過

　そこで、発達の何らかの課題を伝えられた保護者が、どのような相談経路をたどっているかを、自由記述の回答をもとにまとめてみたものが、表3-15である。

　この結果をみると、保健所の1歳6か月児健診を経て、親子教室で経過観察を受け、児童相談所、障害児通園施設、児童デイサービス、保育所などにつながる事例（38例、45.8％）がもっとも多いことがわかる。次に保育所からの指摘で相談機関、医療機関につながる事例（11例、13.3％）が多く、3歳児健診、医療機関、小学校から支援につながった事例がそれぞれ8例（9.6％）であった。また障害児の通園施設に連れてこられたきょうだい児が相談につながった事例が5例（6.0％）あり、比較的多いことがわかった。保護者が直接相談に出向いて支援につながった事例は2例（2.4％）に過ぎず、少なかった。

表3-14 発達の課題（障害）を指摘された機関

（重複回答あり）

発達に課題があると伝えられた機関	人数	割合(%)
1歳6か月児健診	44	21.8
難聴幼児通園施設外来相談	25	12.4
小児科医院	20	9.9
児童相談所	18	8.9
知的障害児通園施設発達支援センター	17	8.4
県立大学付属診療所	11	5.4
市内総合病院	9	4.5
無記入のため不明	8	4.0
保育所	8	4.0
3歳児健診	8	4.0
児童デイサービス	7	3.5
障害児通園施設（種類不明）	5	2.5
保健所親子教室	3	1.5
市外総合病院	3	1.5
小学校通級学級の先生	2	1.0
重症心身障害児施設外来相談	2	1.0
就学相談	2	1.0
耳鼻科医院	2	1.0
隣県国立大学病院	1	0.5
幼稚園	1	0.5
小学校特別支援学級教員	1	0.5
障害児の自助グループ	1	0.5
作業療法師の先生	1	0.5
ことばの教室	1	0.5
子育て支援センター	1	0.5
県内国立精神医療センター	1	0.5
合計	202	100.0

出典：高橋実　2010「発達障害児の生活と地域支援の課題」『障害科学研究　第34巻』

⑧指摘の具体例とその時の心境

指摘を受けた時の心境では表3-16の通りでショックを受けた、19.7％（28人）、不安になった7.0％（10人）、受け入れられなかった5.6％（8人）で否定的に受け止めた人が32.3％（46人）であった。一方納得した10.5％（15人）、ほっとした6.3％（9人）、安心した2.3％（4人）で肯定的に受け止めた人は19.1％（28人）であった。

表3-16を受けて否定的に受け止められた言葉の共通点と、肯定的に受け止められた言葉の共通点を、もっと具体的に探るため、表3-17を作成した。ショックを受けた人には将来、未来に希望のない「治らない」「小学校に入ってウロウロする」などの否定的で将来に見通しが持てない、状態像を簡単に指摘するのみで詳しい説明がない対応を受けたと感じたという共通点があった。

一方、「ほっとした」、「安心した」という対応の共通点は、今までの苦労を認めて、「お母さんのせいではないよ」と自分の子育てのせいではないかという母親の不安を解消し、保護者の心配や苦労に共感するとともに、具体的な社会資源や対応をアドバイスするような言葉かけという共通点が見出された。

⑨育てていく中で一番大変だった時期とその悩み

表3-18は一番大変だった時期とその悩みについてである。4歳未満の時期で一番大変だったのは、多動の問題で、次はコミュニケーションの問題であった。3番目は、粗暴な行動で、2歳から4歳にかけて増える傾向がみられた。就学後は、集団になじめない、学習についていけない、いじめなど教育の集団内での悩みに変わるということが分かった。

⑩悩んでいた時にどんな働きかけが支えになったか

まず、家族の支えの内容を表3-19にまとめた。支えが「ある」と答えた回答は、63.9％（76人）であった。しかし、無記入も含め、36.1％（43人）の回答では、協力してもらえなかった、理解してくれなかった、支えがなかった、あるいは支えの内容が思いつかないためか無記入であった。

表3-15 発達に課題があると指摘された保護者の相談経過

		最初の相談支援機関		第2の相談支援機関	
保健所が第一相談支援機関である事例		1歳6か月児健診	⇒	保健所親子教室（保健所小児総合相談）	⇒
					⇒
					⇒
					⇒
					⇒
			⇒	重症児外来での歩行訓練	⇒
			⇒	3歳健診	⇒
			⇒	ことばの相談室相談室	⇒
		3歳児健診	⇒	医療機関	⇒
			⇒	保健所親子教室（保健所小児総合相談）	⇒
			⇒	子育て支援センター	⇒
		保健所専門相談	⇒	児童デイサービス	1
				合	
保育所が第一相談支援機関である場合		保育所	⇒	保健所・児童相談所・障害児通園外来相談	⇒
			⇒	ことばの相談室	⇒
			⇒	医療機関	⇒
			⇒	障害児の親への相談	⇒
				合	
医療機関が第一相談支援機関である場合		医療機関（小児科）	⇒	保健所専門相談（保健所小児総合相談）	⇒
		医療機関（産婦人科）	⇒	医療機関（小児科）	
合計					
小学校が第一相談支援機関である場合		小学校	⇒	通園施設外来相談・医療機関・特別支援学級担任	⇒
				医療機関	
				児童相談所	⇒
				合	
きょうだい児をきっかけにした相談		障害児通園施設・児童デイのきょうだい児を通して	⇒	障害児通園施設・児童デイサービス	
親が直接相談機関を探して相談した場合		他市の療育センター	⇒	障害児通園施設	
		障害児通園外来相談	⇒	公立幼稚園＋ことばの相談室	
児童相談所児童相談所		子育て広場	⇒	児童相談所	⇒
				総	合

出典：高橋実　2010「発達障害児の生活と地域支援の課題」『障害科学研究　第34巻』

第3章　乳幼児期の保育・療育と地域生活支援　71

第3の相談支援機関		第4の相談支援機関	件数	割合(％)
児童相談所	⇒	障害児通園施設	16	19.3
	⇒	障害児通園施設⇒特別支援学校	1	1.2
児童デイサービス			13	15.7
保育所＋通園施設			5	6.0
児童デイサービス	⇒	障害児通園施設	2	2.4
障害児通園施設外来相談			1	1.2
障害児通園施設(または保育所との並行通園)			3	3.6
保育所	⇒	障害児通園施設	1	1.2
医療機関	⇒	障害児通園施設	1	1.2
			1	1.2
	小　　　計		44	53.0
保育所＋障害児通園施設			3	3.6
児童デイサービス			4	4.8
障害児通園施設			1	1.2
	小　　　計		8	9.6
			1	1.2
	計		53	63.9
保育所＋障害児通園施設	⇒	⇒通級学級	2	2.4
保健所・児童相談所・障害児通園外来相談	⇒	保育所＋障害児通園施設	2	2.4
小学校通級学級			1	1.2
通園施設外来相談	⇒	小学校通級学級	1	1.2
	計		11	13.3
障害児通園施設			4	4.8
			4	4.8
			8	9.6
特別支援学級			3	3.6
通級学級			3	3.6
医療機関	⇒	通級学級	2	2.4
	計		8	9.6
			5	6.0
			1	1.2
			1	1.2
障害児通園施設			1	1.2
	計		83	100.0

表3-16 指摘を受けた時の心境

内容		具体例	人数(人)	割合(%)
否定 32.3%	ショックを受けた	気づいていたけれどもショックだった。	4	
		医師の冷たい口調にショックを受けた。	3	
		普通じゃない生活になることがショックだった。	2	
		ほかの子と違うと言われてショックだった。	2	
		スッキリしたけれどもやはりショックだった。	2	
		小計	28	19.7
	不安になった	気づいていたが子どもの将来が不安になった。	3	
		周囲の子と明らかに違っていたので不安だった。	1	
		これからの人生を考えると不安になって何もする気が起きなくなった。	1	
		覚悟はしていたが自閉症の知識がなかったため、子どもの将来が不安で涙が出た。	1	
		小計	10	7.0
	受け入れられなかった	受け入れなくてはいけないとは思いつつも受け入れられなかった。	1	
		まだ幼いから障害とは結び付けたくなかった。	1	
		よくなると信じていた。	1	
		小計	8	5.6
肯定 19.7%	納得した	気づいていたのでやっぱりなと思った。	8	
		遅れがあると言われるたびにそうなんだと改めて感じた。	2	
		気づいていたのでやっぱりという思いと療育が受けられるようになるのでほっとした。	1	
		小計	15	10.6
	ほっとした	子どもの様子の違いに悩んでいたので原因が分かってほっとした。	4	
		気づいていたので白黒はっきりして良かった。	3	
		自責に悩まされていたので原因が分かってほっとした。	1	
		小計	9	6.3
	安心した	自分の育て方で子どもがこのような状態になったのではないと分かって安心した。	2	
		医師にアドバイスをもらい安心した。	1	
		悩みを打ち明けられる人が見つかり安心した。	1	
		小計	4	2.8
その他 16.2%	その他	もっとはっきり説明してほしかった。	1	
		言葉が出なかった。	1	
		おどろいた。	1	
		不明	11	
		空欄	9	
		小計	23	16.2
		総合計	142	100.0

出典:高橋実 2010「発達障害児の生活と地域支援の課題」『障害科学研究 第34巻』

表3-17　発達の課題の指摘のされ方と心境

	告知後の心境	告知の言われ方
否定	ショックをうけた	「自閉症だから治らない。すぐに保育所に入れなさい。」それだけ言われた。
		「人との共有が弱い。」「将来発達障害として残る可能性あり。」
	腹立たしい	育てにくくないか、言葉も遅い子は小学校に入って、授業中席を立ってウロウロしたりする子が多い。
		5分くらいの診察で「この子は自閉症かもしれません」とあっさり言われた。
	悲しい	なかなか離れない子どもを見た先生から、「（子どもに）興味のあるものができれば離れます。お母さんは頼られているようでうれしいかも知れないけれど……」
	不安になった	「自閉症の傾向があるのでは？」
		「発達が遅いです」との簡単な言葉。
	受け入れられなかった	「物事への興味がなかったり、共感性の乏しさ、人とのコミュニケーションに苦手さがある。」と伝えられ「周りが手助けしないと、そういったことが育たない」と言われた。
肯定	納得した	「言語が遅れている原因は発達の段階で問題があるからでは？」
		「お母さんのおっしゃる面がありますね」
	分かってもらえた	「お母さんの育て方が悪いんじゃないよ。」
		「お母さんが悪いんじゃないから、あまり気にしないでね。○○ちゃんは人とつながる力が弱いみたい。」と気遣いながら、はっきり言ってくれた。
	ほっとした	「A園へ行ってみては？」と言われ、説明を受けた。
		「言葉の発達の遅れがある。それは刺激不足だろうから、親子教室などに行ってしっかり子どもさんと関わってあげなさい」と言われた。
	安心	お母さんの育て方ではない。
	その他	「リハビリをした方がいいでしょう」と言われ、治るのかと思った。

出典：高橋実　2010「発達障害児の生活と地域支援の課題」『障害科学研究　第34巻』

表3-18　一番大変だった時期とその悩み

年齢	困った内容	件数	具体例
2歳未満	多動の問題	8	目を離すとどこかへ行ってしまう。
	コミュニケーション	4	子どもに対してどうしてやればいいのか分からない。
	粗暴な行動	3	顔を叩く・暴れまわり髪を引っ張る。
	叫ぶ・癇癪	3	食事をするとき、道具がうまく使えないと癇癪を起こす。
	睡眠障害	3	とにかく夜眠らなかった。
	小　計	21	22.3%
2～4歳未満	多動の問題	15	呼んでも帰ってこず、そのまま走って行ってしまう。
	コミュニケーション	9	人との関わり方が全く分からなかった。
	粗暴な行動	7	顔を叩く・暴れまわる。
	小　計	31	33.0%
4歳～就学前	粗暴な行動	4	暴れて手がつけられなかった。
	叫ぶ・癇癪	2	気性が激しく、大声を出す。怒ると家を飛び出す。
	多動の問題	2	多動傾向により、保育園での活動がうまくいかない。
	小　計	8	8.5%
就学後	集団になじめない	3	集団行動ができず、与えられた課題に取り組むことが難しい。
	学習についていけない	3	学校の学習についていけない。
	いじめ	3	4～5年のころ、いじめにあった。
	多動の問題	2	動きが激しく、人の意見が耳に入りにくかった。
	粗暴な行動	1	カッとなると衝動的に物を投げ、人をけがさせる。
	小　計	12	12.8%
診断されるまで	粗暴な行動	1	高い所からとんだり、気に入らないと物を投げたりする。
	頼る人がいない	1	近くに相談できる人もいなかった。
	睡眠障害	1	子どもの睡眠障害がひどく、毎日0～2時間程度しか眠れなかった。
	集団になじめない	1	不登校になった。
	小　計	4	4.3%
年齢不明	コミュニケーション	5	言葉がなかなか出ず、コミュニケーションが取れない。
	粗暴な行動	4	崩れてしまうと、立ち直るまでに時間がかかるので大変。
	多動の問題	3	いきなり怒り出したり、泣き出したり、逆ギレする。
	こだわり	3	真剣に聞き入れてくれる人がいない。
	周囲の理解	3	集団が苦手でパニックになる。
	小　計	18	19.1%
合　計		94	100%

出典：高橋実　2010「発達障害児の生活と地域支援の課題」『障害科学研究　第34巻』

表3-19 家族の支えの内容

支え	内容	家族の関係	人数	具体例
ある 63.9%	協力してくれた	父親	23	・父親が休みの日や、仕事から帰ってくると子どもとの時間を作り、一人になる時間をくれた。
		母方祖母	4	・母方祖母が家事育児を手伝ってくれている。また、子どもを預かってくれる。
		母方祖父母	4	・母方祖父母が体を張って子どもと接してくれた。
		家族	2	・母親だけが考えるのではなく、家族が共に考え協力してくれた。
		無記入	2	・児童デイサービスへ子どもを送迎してくれた。
		父方祖父母	1	・父方祖父母が兄弟の面倒を見てくれる。
		きょうだい	1	
	話を聞いてくれた	父親	13	・父親が不安な気持ちを聞いてくれた。いっしょに考えてくれた。
		家族	2	・家族が相談にのってくれた。
		母の姉	2	・姉が共感してくれた。
		長男	1	・ストレスの発散になった。
		父方祖父母	2	・父方祖父母により自分の気持ちに整理をつけることができた。助言してくれた。
		母の姉	1	・福祉の専門家として助言してくれた。
		その他	1	・理解をしようとして、話を聞いてくれた。
	理解してくれた	父親	3	・父親が障害のない子どもと同様に可愛がってくれる。
		母方祖父母	3	・母方祖母が一緒に様子を見ながら、改善方法、付き合い方を考えてくれた。
		父方祖父母	2	・父方祖父母が前向きに考えてくれた。
		子どものきょうだい	2	・我慢してくれた。
		母のきょうだい	1	・母方きょうだいが障害を受け止めて可愛がってくれた。
		母方祖父母	1	・母方祖父ができないことに目を向けず出来ること、出来たことをすごく褒めてくれた。
		父親	1	・実家にかえらせてもらった
	やさしい言葉かけ	父親	4	父親の言葉 ・「どういう障害だって、うちの子に変わりはない。かわいいじゃろ、一緒に頑張ろう。」 ・「焦るな‼長い人生のなかにはいろいろある」 ・「あまり深く考え込むな」 ・「息子は息子だから、障害があってもこの子が毎日楽しく過ごしてくれるといいね」
	小　　計		76	63.9%
ない 36.1%	協力してくれなかった	家族	6	・子育てに対する否定。
		父親	5	・真剣に考えてくれなかった。
		父方祖母	3	・責任を母親に押し付け、療育に反対する。
	理解してくれなかった	父親	3	・障害を受け止められず、個性ととらえていた。
		家族	1	・母親の子育てが原因だと言われた。
		母方祖父母	1	・「そんな孫はいらん」と言われた。
	支えがなかった		5	・特になし。
		無記入	19	
	小　　計		43	36.1%
	合　　計		119	

出典：高橋実　2010「発達障害児の生活と地域支援の課題」『障害科学研究 第34巻』

母親の子育てに対する一番の協力者は父親であり、次に母方の祖父母やきょうだい、ついで父方祖父母や子どものきょうだいなどであった。

次に表3-20で家族以外の支えについて調べた。家族以外の支えが「ある」とした回答は、96.0％（121人）で、「ない」とした回答は、4％（5人）にすぎず、家族の支えのなさの比率と比べ対照的であった。家族以外の支えで一番多かったのは、同じ経験のある母親で、38.8％（47人）が回答した。次に多かったのは、障害児通園施設の職員で32.2％（39人）で、ついで保健師、友人、その他の専門職であった。母親の子育ての大変さを共感的に聞いてくれ、子どもの障害特性を十分わかった上で、日々の生活のなかで、指導や支援してくれる人材が、母親の大きな支えになっていることがわかる。

⑪今後の家庭の支えとなる為に期待する施策・機関

今後家庭の支えとなるために期待する施策・機関についてたずねた自由記述を表3-21に、まとめてみた。

全体的にみると、発達障害の専門医を市内で増やしてほしいという回答が11.8％（14人）でもっとも多く、ついで大人になるまで一貫して相談できる機関、いつでも個別相談できる機関が10.1％（12人）ずつで多かった。全体的に医療も含めた総合的で、ライフサイクルに沿って一貫して相談できる専門機関を求める回答が多かった。

就学前では、保育所・幼稚園での研修・専門性の充実を求める回答が5.9％（7人）で最も多く、次いで療育手帳や診断がなくても利用できる療育機関が5.0％（6人）、療育施設及び職員の拡充と療育機関の利用延長を求める回答がそれぞれ、4.2％（5人）であった。

学齢期においては、すべての学校に通級学級の設置を期待する回答が5.9％（7人）でもっとも多く、ついで学校での障害児理解対応の改善を求める回答が2.5％（3人）であった。

日常生活にかかわる施策では、療育手帳がなくてもショートステイ・一時預かりができることを求める回答が2.4％（4人）と最も多く、次いで障害児のスポーツ・活動の場を求める回答が1.7％（2人）であった。

成人期の施策では、就労支援を求める回答が4人（2.4％）と最も多かった。

表3-20　家族以外の支え

支え	内容	支えてくれた人	人数	具体例
ある 96.0%	話（相談）を聞いてくれ、共感してくれたこと	同じ経験のある母親	32	・健診後、保健師さんが話を聞いてくれたことで、病院で診断を受けることができ、療育、デイサービスがあることを知り、通園できて、先生方、保護者の方と話ができたこと。 ・通園時もお母さんと話しているだけでストレス発散になった。 ・同じような悩みをもつお母さんたちとのおしゃべりで、情報交換をしたり、励ましあったり、心の支えになっている。 ・療育を始めてからは、先生方に相談すること、他のお母さん方の体験を聞くことでとても気持ちが楽になった。
		障害児通園施設職員	24	
		保健所の保健師	7	
		友人	4	
		医療施設職員	2	
		小学校担任	1	
		中学校担任	1	
		保育所の保育士	2	
		Webのサイト	2	同じような悩みの人との交流、情報交換
	仲間ができたこと	同じ経験のある母親	15	・悩みを打ち明けることによって気持ちを分かってもらえるし、一緒にいろいろと考えていける。仲間ができると精神的にも楽になれる。追い込まれない。ストレスも発散できる。
	理解してくれたこと	周囲の人	5	・みんな「応援しているよ」と言ってくれた。
		友人	2	・周りの友人たちもとても力になってくれ、話を聞いてくれたり、子どものペースに合わせてくれたりと、周りに助けてくれる人たちがたくさんいる。
		幼稚園教諭	1	
	やさしい言葉かけ	障害児通園施設職員	4	「お母さんたちはとても頑張っておられるから、がんばってください、とは言えないんですよ。自分でも自分をほめてあげてください。」という言葉がけ
		保健師	1	
	指導や支援を受けた	障害児通園施設職員	11	子どもの養育への助言、精神的サポートなどを受けた。
		OT、ST、小児科医、心療内科医、看護師、小学校教諭各1	6	カウンセリングや専門的支援を受けた
	講演会などの勉強会		1	
	小　計		121	96.0%
ない 4.0%	支えがなかった		3	・周りの人たちに相談しても「怒らんけぇじゃろ」や、「ちゃんとしつけせんけえよ」と批判されるばかりだった。
	相談できなかった		2	・他人には相談できなかった。
	小　計		5	4.0%
	総　合　計		126	100%

出典：高橋実　2010「発達障害児の生活と地域支援の課題」『障害科学研究　第34巻』

表3-21 家庭への支えとなるために期待する施策・機関

内容のカテゴリー	具体的内容	人数	割合(%)
就学前の施策・機関	保育所・幼稚園の研修・専門性充実・情報提供	7	5.9
	手帳や診断がなくても利用できる療育施設	6	5.0
	療育施設・職員の拡充	5	4.2
	保育園並みに療育時間を延長してほしい	5	4.2
	もっと早期から利用できる療育施設	4	3.4
	乳幼児健診の充実	3	2.5
	発達障害児も安心して利用できる子育て支援機関	2	1.7
専門医療・相談機関の充実	発達障害の専門医を増やす	14	11.8
	大人になるまで一貫して相談できる機関	12	10.1
	いつでも気軽に個別相談ができる機関	12	10.1
	専門的総合相談機関・窓口の拡充	8	6.7
	休日でも家庭訪問して助言してくれる専門家	5	4.2
	発達障害の理解を促す機関	3	2.5
学齢期の施策	すべての学校に通級学級の設置	7	5.9
	学校での障害児への理解・対応の改善	3	2.5
	小学生も利用できる児童デイサービス	2	1.7
	障害児専門の放課後児童クラブ	2	1.7
	学校と家族の間に入ってくれる機関	1	0.8
	学校支援員の充実	1	0.8
	中学校の障害児への理解	1	0.8
	自閉症専門の学校	1	0.8
日常生活にかかわる施策	療育手帳のない子のショートステイ・一時預かり	4	3.4
	障害児のスポーツ・活動の場	2	1.7
	入院中の付添い制度	1	0.8
	個別にサポートできるケアサポーター制度	1	0.8
	障害児を育てる母子家庭への支援制度	1	0.8
成人期の施策	就労支援制度の充実	4	3.4
	親から自立できる寮・作業所の充実	1	0.8
	障害者自立支援法の改善	1	0.8
合　　計		119	100.0

出典:高橋実　2010「発達障害児の生活と地域支援の課題」『障害科学研究 第34巻』

（3）A市の障害児支援システムの分析

　保健所における乳幼児健診システムに関する聞き取り調査（2009年7月実施）、自立支援協議会発達支援部会で作成した子育て資源ガイド、就学指導委員会資料、教育委員会ホームページなどをもとにA市の障害児支援システムをまとめ、整理したものが図3-6である。

　A市は、中国地方にある中核市で人口約46万人の工業都市である。1998年から中核市に移行し、市立保健所が開設された。現在の乳幼児健診システムは、この頃から少しずつ整備されていった。障害児の支援システムで特徴的なのは、古くから開設されている障害児施設を擁する社会福祉法人が3か所、県立の重症心身障害児施設が1か所あり、知的障害児通園施設、難聴幼児通園施設を開所し、地域の療育システムを共同で構築してきた点である。

　そのため図3-6の1歳6か月児健診、3歳児健診、健診後の療育相談（親子教室）、小児総合相談に各障害児施設の職員がかかわり、保健師や医師と共同で健診・フォローを行っている。また公立保育所・幼稚園に各4か所のことばの相談室が置かれていることもA市の特徴であるが、このことばの相談室の職員の一部も乳幼児健診後の親子教室に参画している。このことが、表3-15で示したように、乳幼児健診・親子教室から通園施設へ移行している事例が多い要因のひとつであると推測される。

　また公立の保育所が68か所あり、非常に多いのが特色であるが、公立保育所では独自の障害児保育研修システムをもっており、ブロックごとに任命された障害児保育担当保育士が、障害児通園施設での実習や研修を行い、中心的に障害児保育を担うと同時に他の保育士の相談にものるシステムを構築している。このことが、保育所から療育につながる事例も比較的多い要因のひとつと考えられる。

　近年、公設民営で知的障害児通園施設1所と児童デイサービス事業2所が新たに開設され、療育機能が充実した。

　医療機関は、小児科を擁する国公私立総合病院が4か所、重症心身障害児施設の外来診療部門があるが、常駐の発達障害の専門医がいないことが、現在の課題である。現在、発達障害の診断を受けるためには、近隣の県立大学付属診療所や隣県の療育センターに行く必要があり、半年から1年待ちと言

```
┌──────┬─────────────────────────────────────────────┐
│      │ 乳児一般健康診査・4か月健康診査              │
│      │ (市内の小児医療機関〈70か所〉に委託)          │
│ 乳児 ├─────────────────────────────────────────────┤
│ 期   │ 保健師による家庭訪問・乳幼児相談             │
│      │ (保健所1所、支所保健福祉課4所 保健福祉担当1所)│
│      ├─────────────────────────────────────────────┤
│      │ 9か月健康相談                               │
│      │ (保健所1所、支所保健福祉課4所 保健福祉担当1所)│
└──────┴─────────────────────────────────────────────┘
```

幼児期	1歳6か月児健康診査 (保健所1所、支所保健福祉課4所 保健福祉担当1所) / 3歳児健康診査 (保健所1所、支所保健福祉課4所 保健福祉担当1所)

要経過観察 / 要精密検査

児童相談所 県東部管轄1か所 / 医療機関(4総合病院・1重症心身障害児施設) / 療育機関 知的障害児通園施設2か所、難聴幼児通園施設1か所、重症心身障害児施設1か所、知的障害児施設2カ所、児童デイサービス3カ所 / 障害者総合相談室 子ども発達相談室

就学時健康診断 → 就学相談

学齢期

小学校　80校
- 知的特別支援学級　　　　56学級　　言語通級学級　　7学級(2校、複数併設)
- 自閉・情緒特別支援学級　44学級　　情緒通級学級　　8学級(3校、複数併設)
- 肢体不自由特別支援学級　 1学級　　難聴学級　　　　1学級

中学校　36校
- 知的特別支援学級　　　　27学級　　難聴特別支援学級　　1学級
- 自閉・情緒特別支援学級　18学級　　LD・AD/HD通級学級　2学級

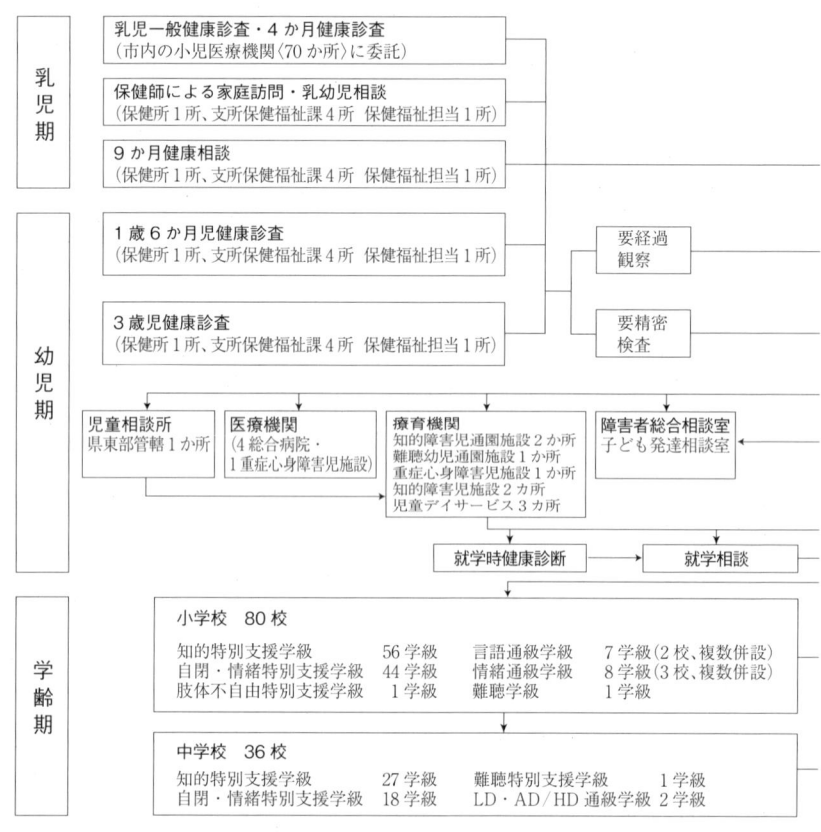

出典:高橋実　2010「発達障害児の生活と地域支援」『障害科学研究 第34巻』

図3-6 A市の障害児支援システム

われている。

　市内に、県立の児童相談所があり、障害児の相談には大きな役割を果たしている。

　就学にあたっては、教育委員会の就学相談、就学指導委員会が行われているが、近年相談が急増し、年間2〜300例の就学相談・指導があり、きめ細かな相談・支援が行えなくなっている現状がある。

　就学後は、小学校80校に、知的障害児特別支援学級56学級、自閉・情緒特別支援学級44学級、肢体不自由児学級1学級、難聴特別支援学級1学級、言

```
→ 小児総合相談(身体面)
  (小児科医・理学療法士・保健師・栄養士)

→ プレ療育相談
  (心理相談員・保育士・保健師)

→ 小児総合相談(精神面) ─── 療育相談
  (小児科医・心理相談員・保健)    心理相談員・保育士・保健師
                              (6か所・11グループ)

→ ことばの相談室   保育所      幼稚園
  公立保育所4か所  公立68か所  公立20か所
  公立幼稚園4か所  法人立23か所 私立3か所

→ 就学指導委員会

→ 特別支援学校                          3校
  特別支援学校小学部(知的障害中心)      2校
  特別支援学校小学部(肢体不自由中心)    1校
  特別支援学校中学部(知的障害中心)      2校
  特別支援学校中学部(肢体不自由中心)    1校
  特別支援学校高等部(知的障害中心)      2校
  特別支援学校高等部(肢体不自由中心)    1校
```

語通級学級7学級、情緒通級学級8学級が開設されている。近年の発達障害児の急増に伴い情緒（ＬＤ・ＡＤ/ＨＤの学級を含む）の通級指導教室の増設が続いていることが特徴である。しかし、通常学級にもかなりの発達障害児がおり、学級運営に困難をきたしている学校も少なくないのが現状である。2年前から市の巡回相談事業が開始されたが、大学の教員や通級学級の教員により構成され、相談に専念できるスタッフの充実とその連携が課題である。

　市内には、知的2校、肢体不自由1校、計3校の特別支援学校がある。通常学校との交流や相談・支援の連携をいかにすすめるかが今後の課題である。

中学校は36校あり、知的特別支援学級27学級、自閉・情緒特別支援学級18学級、難聴特別支援学級1学級、LD・AD/HD通級学級が2学級開設されている。

小学校に比べ、特別支援教育の理念の浸透が途上にあり、通常学級に在籍する発達障害児への適切な教育・支援システムの構築が課題である。

このようにA市の障害児支援システムは、就学前の支援システムから、就学後の支援システムへと少しずつ充実してきているが、医療システムも含めた総合的で長期的な総合相談システムの構築や、非常にたくさんある保育所・幼稚園・小中学校の発達障害児に対する支援システムの充実が大きな課題である。

また、高等学校においては、特別支援学校以外の特別な支援システムはできておらず、今後の課題である。

（4）発達に困難をかかえた子どもの地域生活支援ニーズの総合的考察

表3-12からわかるように、言葉の遅れ、多動、発達の遅れ、対人関係の課題などから、発達の遅れや行動上の問題をともなう子どもの多くは、1歳6か月児健診で発見が可能である。しかし、保護者のこころは不安で揺れており（中田、2002）表3-16・17からわかるように、その不安や子育ての大変さに共感し、明確な発達的課題を提示するとともに、支援のための具体的な社会資源の提示、将来の展望などを明確に示す慎重な指摘とその後のフォローアップ体制が必要不可欠である。指摘の仕方によっては、保護者がかえって支援から遠ざかる可能性すらあり、支援者のコミュニケーション力、カウンセリングマインド、子どもの障害や発達理論に関する研修・研鑽システムが必要なのではないかと思われる。

また、表3-19からわかるように、今回のように療育機関に所属し、障害認知ができていると思われるアンケート協力者ですら、家族の理解がないと感じる保護者が36.1％にものぼることから、発達に困難をかかえた子どもの子育ての困難さの大きな課題のひとつが、家族全体の子どもの課題理解の促進である。母親の子ども理解だけをすすめてもその家族が子どもの課題や障害を理解していなければ、母親は家族と子どもとの間で板挟みのような心境に

なり、精神的に孤立してしまう。したがって、両親面接や家族面接、家庭訪問など家族全体へのアプローチの視点が必要であることがわかる。

また表3-20から、同じ経験のある保護者との出会いを保障することが、子育ての困難や苦しみを分かち合い、共感しあえるもっとも大きな支援であることがわかった。療育施設の職員が、次に支えになっている資源であることがわかったが、その背景には、子どもの課題や障害を理解し、子育ての大変さに共感し、子育ての展望を示すと共に、毎日の通園のなかで困ったことを相談できる機能があるからであることが推測される。

表3-19からわかるように、発達に困難をかかえた子どもの子育ての大変さは、多動や粗暴行為、癇癪、不眠、対人関係の問題などの行動上の問題にある。これらの問題に保護者は日々悩み、苦しい子育てを強いられている。したがってその支援ニーズは、表3-11でわかるように、いつでも気軽に個別相談ができる場所、一時的に子どもを預かってもらえ、休息が得られるサービス、家庭訪問して相談支援してもらえるサービス、大人になるまで継続して相談ができる場所である。

そして表3-19からわかるように、発達に困難をかかえた子どもの保護者は、指摘を受けてから、複数の機関に相談に訪れ、子どもの課題を探ろうと努力する。したがって、地域での各機関の連携、ネットワークが非常に大切である。その点では、A市の乳幼児健診に地域の療育機関の職員や公立保育所の職員が参画していることは継続的支援に有効に機能しているのではないかと思われる。

また保護者が、わが子の障害を認知し、適切な療育・教育を行えるようになるためには、医学的診断も重要である。A市内に発達障害の専門医がいないにも関わらず、表3-11からわかるように回答者の診断比率が75.7％と高い水準にあったのはそのためだろうと思われる。

今回の調査では、発達に困難をかかえた子どもの支援の開始のピークは、1～3歳にかけての時期にあったが、前述のように、高橋ら（2003）は、同じA市の保育所（児童数6,470人）に対し、気になる子の調査を行ったところ、全体で12.1％の子どもが気になる子どもで、年齢が上がるにつれてその比率はまし、5歳児では16.8％に達した（表3-7）。このことからも今回の調査の

対象となった子どもは氷山の一角であり、専門機関が保育所や幼稚園の発達に困難をかかえた子どもの発達をより充実させる体制づくりも必要であろうと考えられる。

2004年発達障害者支援法が成立し、自閉症、アスペルガー症候群その他の広汎性発達障害、学習障害、注意欠陥多動性障害などの発達障害の子どもの支援の問題がクローズアップされ、発達障害のある人や家族が地域社会において安心して生活できるような支援態勢の整備が目指されつつある（大神、2008）。しかし、発達障害者支援法では、従来、DSMⅢ-Rで含められて以来、日本の多くの研究者がそのカテゴリーに含めていた精神遅滞をのぞいた定義がなされ、これが広がった（黒川、2007）ため、違和感をもつ研究者（中田、2009）もある。発達障害の定義に対する違和感は、このように精神医学的には、知的障害を含めた概念であったものが、知的障害を除いた障害を想定して定義されたにもかかわらず、自閉症や広汎性発達障害は知的障害を伴う場合もある概念であるためである。

しかも、発達障害者支援法における発達障害の定義は、知的障害者福祉法等では救えない、知的に高機能でも発達の困難をかかえた発達障害児者を救うために便宜上法律内で定義された法律用語であるが、その定義が学術的定義であるかのように国民に広まったことにも問題があると思われる。

発達障害の用語について文部科学省は、2007年の「『発達障害』の用語の使用について」の通知のなかで、「『発達障害』の範囲は、以前から『LD、AD/HD、高機能自閉症等』と表現していた障害の範囲と比較すると、高機能のみならず自閉症全般を含むなどより広いものとなるが、高機能以外の自閉症者については、以前から、また今後とも特別支援教育の対象であることに変化はない。」として、発達障害支援法の発達障害の用語に知的障害伴う自閉症や広汎性発達障害を含むものとして整理している。

また厚生労働省は、従来の知的障害児に加えて知的障害のない発達障害児も含めた早期からの支援体制を整えるため、「障害児支援の見直しに関する検討会」（2008年報告）を行い、新たな障害児支援サービスのあり方を検討しつつある。

杉山（2007）は、虐待等における環境要因が脳の機能の発達に大きな影響

をあたえるという近年の医学的知見や増え続ける発達障害児の数の多さを鑑みて、環境要因からくる心因性の情緒障害と脳の機能障害に伴う器質性の障害の区別の見直し及び障害か正常かという二者択一的区別の見直しという2つの意味で、療育システムのパラダイム転換の必要性を指摘している。

そして大神(2008)は、糸島プロジェクトという地域縦断的な発達研究のなかで、杉山(2007)の主張やWHOが2001年に提起した国際生活機能分類の心身機能、活動、参加という生活機能の3要素の相互作用の影響なども考慮し、発達障害の早期支援のための生活モデル型の発達支援を提起している。この支援モデルは、障害の確定以前から地域特性を生かした独自な早期発達支援システムづくりと従来の障害児支援とを有機的につなげていく取り組みである。

したがって、発達に困難をかかえた子どもの地域生活支援ニーズは、まずは、発達の課題が早期に発見され、適切な指摘がなされると共に、母親以外の家族を含めたファミリーソーシャルワーク的な支援が、非常に重要であることが、今回の調査によって明らかになった。

今後は、子育て支援の取り組みや保育所、幼稚園などにおける保育実践と発達障害の早期発見、早期対応や療育的支援とをどのように有機的に結び付けていくことが必要なのか、発達に困難をかかえた子どもの総合的で長期的な視野にたった地域生活支援のあり方について検討する必要があると思われる。

5．発達に困難をかかえた子どもの豊かな育ちを保障する福祉と教育の連携

(1) A太郎の事例

A太郎の事例を通して、発達に困難をかかえた子どもの豊かな育ちを保障する支援について具体的に考えてみよう。A太郎の家族構成は以下の通りである。

本人A太郎(7歳) 小学校1年生
姉　B子　(10歳) 小学校4年生

父親H夫　（35歳）会社員
母親I子　（32歳）主婦、パート勤務

　A太郎は、両親と3歳年上の姉B子との4人家族である。保健所の3歳児健診の時ことばが少なく多動であることを指摘され市内の保育所に設けられていることばの相談室を紹介された。ことばの相談室では、週1回先生と一緒に遊んだり、母子で遊んだりしながら様子をみてもらった。その間に児童相談所を紹介された。児童相談所では、これまでの経過や生活状況を聴取され、心理検査をうけた。その結果、知的障害児通園施設S園と難聴幼児通園施設T園の外来相談を紹介されるとともに集団に入ることを勧められた。
　そこで保育所に入所し、ことばの相談室、S園、T園の外来教室をかけもちする忙しい日程をこなした。一方、200km以上離れた小児専門病院で診察してもらったりもした。I子は、A太郎の発達の障害をなんとかとりもどせないかと必死の思いであった。
　この頃は、母I子にとってもっとも苦しい時期であった。A太郎も保育所では、集団に適応できず、すみでひとり遊びばかりしている状態であった。ストレスがたまっているためか家庭では、行動を制止することばでかっとなり、植木鉢をなげることもあった。こうしたA太郎の状態に対し、夫の両親からの理解が得られず、いっそこの子と一緒に死のうかとさえ思うこともあった。結局、同居していた夫の両親とは別居することになった。
　4歳になる直前S園に空きができ入園することができた。この入園がA太郎にとっても、両親にとっても大きな転機であった。入園当初は、S園でもひとりでは遊べるが、集団に入る自信がなく、何をするにも様子をうかがう傾向がみられた。楽しいことをたっぷりして自信をつけさせるという園の方針で指導したところ、6、7月頃から自転車に乗れるようになったことで自信をつけ、集団参加できることが増えてきた。そして今度は、最後までやりきる生活の見通しと達成感を感じられることを大切にした援助が行われた。そのなかで、ことばでのやりとりができなかった友達に手を出したりしてかかわりをもとうとするようになり、それがことばでのやりとりに発展していった。その頃から家庭でも楽しみをことばで表現できるようになった。さら

にS園では、集団のリーダー的存在になり、家庭ではごはんをついだり、お風呂のスイッチを入れてくれたりと、お手伝いができるようになっていった。A太郎のこうした変化は、両親にとって大きな喜びだった。しかも母のⅠ子にとっては、同じような経験をされた先輩のお母さんと出会えたことが、一番の励みになった。保育所では、わが子だけがという孤立感を感じていたが、S園の母親と一緒に食事にいくなどするなかでその緊張が氷解する思いであった。また子どもの悩みを共感しながら話し合える仲間ができたこと、前向きにがんばっている先輩の母親の姿に大いに励まされた。そして、S園の職員からの助言や障害や発達についての学習をするなかで、子どもへのかかわりや将来にも見通しがもてるようになってきた。

　2年間のS園への通園で大きな変化のあったA太郎であったが、就学にあたって特別支援学級に入級するか普通学級にするかで大いに悩んだ。S園の職員や就学指導委員会では、特別支援学級の方が安心して学習できるのではという助言であった。しかし同じ学校に通う姉B子が、弟の障害児学級への入級に反対の意思を表明した。母Ⅰ子は、かなり変わってきたA太郎であるから、もしかしたら普通学級でもやっていけるのではないかという期待もあり、悩んだ末に普通学級を選択することにした。父親のH夫は、特別支援学級の方がよいのではといいつつも母Ⅰ子の意見を尊重してくれた。

　小学校に入学して2ヵ月あまりがすぎた。最初の1週間は元気に通っていたものの、ひらがなの学習が始まった頃から、集中力を欠くようになり、学校へ行くのもしぶるようになった。家庭でも宿題をするよう促すと泣いて拒否するようになった。母は姉B子に弟の状況を話し、特別支援学級への移籍について相談したがその時は拒否的であった。しかし、その後姉B子は自分で特別支援学級にいき、先生に「A太郎がいくからよろしくね」と弟の入級を頼んだという報告が先生からあった。そこで母Ⅰ子は、担任の先生、特別支援学級の先生と相談し、A太郎を特別支援学級に移籍することにした。特別支援学級では、A太郎のペースに合わせて指導してもらえるので楽しく通っている。

（2）知的障害児通園施設に入園するまでの援助過程

　A太郎はことばが出るのが遅く、家族も心配していたと思われるが、3歳児健診以降に専門的療育を開始することになった。子どもの脳の成熟、発達は非常に急速なものであり、その発達途上で生じる障害は、早期に発見され、早期に適切な療育や援助がなされるほど、その発達が促進され、予後も良好である。したがってできるだけ早く適切な情報提供を行う必要がある。

　A太郎の場合、もしかしたら1歳半健診でもことばの障害が見いだされたと思われるが、同居していた夫の祖父母の発達の遅れに対する理解の不十分さが、母Ⅰ子が積極的に子どもの遅れを相談することをむずかしくしていたのかもしれない。子どもの支援を行う場合、母親だけでなくその家族の状況も把握して支援する視点も大切である。

　子どもの発達の遅れが気になっていても、健康な子どもの出産と健全な成長・発達を望む親にとって、子どもの障害が告知されることは、非常に大きなショックである。もしも、子どもの障害の事実のみが安易に告知されるのみであった場合、その家族は絶望的な感情に陥り、援助者との信頼関係も一度に失われることも少なくない。

　そこで保健所の健診で何らかの心配がある子どもとその保護者は、どのような支援が必要かを見極めるために保健師、保育士、心理相談員などによって運営されている親子教室を紹介される。親子教室では、親子遊びや保護者のグループワーク、個別相談などを継続して行い、親子の関係や子どもの様子を十分観察する。そして必要に応じて発達検査なども実施して総合的に状況を把握した後にスタッフミーティングを行い、親子のニーズにもっともふさわしいと思われる保育・療育・相談機関に関する情報提供を行う。

　こうした過程を踏んで慎重に障害が告知されたとしても、障害も含めたあるがままの子どもを受容し前向きに子どもと向き合えるようになるためには、価値観を転換していくための大きなエネルギーと時間が必要である。

　そのプロセスは自らが身体の障害を負ったときにたどるプロセスと共通しており、図3-7のようなものである。

　第1の段階はショック期である。子どもの障害を告知された親は、大きなショックをうけ、その帰り道では、茫然自失して何も覚えていないという人

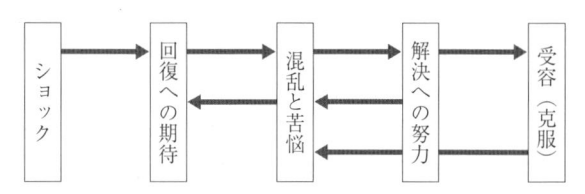

ショック → 回復への期待 ⇄ 混乱と苦悩 ⇄ 解決への努力 ⇄ 受容（克服）

出典：相澤譲治編著 2001『ソーシャルワークを学ぶ』学文社、p.105。
上田敏 1996「リハビリテーション」講談社、p.185等をもとに高橋が作成した。

図3-7 子どもの障害に対する家族の受容過程

が少なくない。第2の回復への期待期では、障害の告知は何かのまちがいであり、もしかしたら治してもらえるのではないかとの期待から、有名な病院をいくつもまわったという人がほとんどである。第3の混乱と苦悩の時期では、いくつかの病院で同様の診断を受け、「なぜわが子だけが」となげき悲しんだり、医者や支援者をうらんで攻撃的になったり、失望してひきこもったり、自殺を考えたという人も少なくない。第4の解決への努力期では、気持ちを建て直し、子どものためにできる最大限のことをしようと必死に努力する時期である。第5の受容（克服）期では、子どものありのままの状況を受け入れることができるだけでなく、その子どもを通して学んだ価値観や人との出会いの貴重さに気づく時期である。わが子のお陰で、貴重な体験ができたと感謝している人も少なくない。また、こうしたプロセスは漸次的に次の段階へ移行するというものではなく、行きつ戻りつを繰り返しながら徐々に受容期に向かうものであることを理解しておくことも大切である。しかも、いったん受容できていても何らかの困難に出会った時、また前の段階に戻ってまた立ち直るという揺れ戻しもあるのである。

こうしたプロセスをふまえたうえで、子どもを療育機関につなげるためには次のような配慮ある支援が必要である。①子どもの具体的な行動を通して両親との共通認識をもつ、②子どもをめぐる両親や家族の悩みについてじっくりと話を聞き、家族全体の子どもに対する見方を把握する、③その悩みの解決に向けて、できる限りの支援をしていくことを伝える。④適切な保育・

療育によって子どもの発達の可能性は十分にあることを伝え、そのための保育・療育・相談機関に対する情報提供を行う。

(3) 知的障害児通園施設入園後の援助過程
①A太郎への援助過程

A太郎が、S園で自信をつけ集団にも入れるようになったのは、A太郎の発達的特徴をしっかりと押さえた段階的支援が行われたからであろうと思われる。

このように知的障害児通園施設には、それぞれの子どもの発達段階に見合った活動や集団が柔軟に保障され、保育所・幼稚園に比べてゆったりと子どもの発達を見守ってもらえるという特長がある。

A太郎の場合は、保育所から施設へという過程をたどったが、逆に障害児の通園施設で一定の力や自信をつけ、通園施設からの支援をうけつつ、保育所・幼稚園に転園する場合や保育所・幼稚園に籍をおきながら、通園施設の相談やグループワークに参加するという形態など、子どもの状況に応じた多様で柔軟な連携が行われる場合も多い。支援者は、必要に応じて支援のネットワークをコーディネートすることが大切である。

②家族への援助過程

母I子は、保育所ではA太郎に関する悩みをうち明けられず、孤立感を感じていたが、S園では同じ悩みや体験をもった母に出会うことができ、孤立感や不安感が癒されていった。しかも学習会に参加するなかで、A太郎への接し方や将来に対する展望が開けた。H夫も学習会や親同士の交流のなかで同様に変わっていった。

このように同じ悩みをかかえた人同士の集団をセルフ・ヘルプ・グループという。セルフ・ヘルプ・グループには、構成員同士が悩みや苦しみを分かち合い、共に励まし合い、情報を交換し、悩みの解決に展望を見いだすことを助けるエンパワメントの効果がある。支援者は、このようなグループが主体的に活動できるよう側面から支援していく姿勢が大切である。

また、母I子はA太郎の入学に際し、普通学級を選択し、その後、特別支

援学級に移籍することを希望した。結果として支援者の助言のとおりになったが、母Ｉ子自身が悩んで選択した意義は大きい。支援者は専門的見解を機械的に押しつけるのではなく、家族や本人の選択権を十分に保障し、問題が生じた場合に最大限の支援を行っていく体制を整えておく。その方が家族も納得でき、長期的にみれば子どものためにもなる。すなわち、子どもや家族の気持ちに寄り添った柔軟で粘り強い支援とそれを支えるネットワークの構築とコーディネートが支援者の大切な役割なのである。

参考文献

相澤譲治編著 2001『ソーシャルワークを学ぶ』学文社、pp.102-108。

金田利子・今泉依子・青木瞳 2000「集団保育において「気になる」といわれてる子の実態と対応」『日本特殊教育学会第38回大会発表論文集387』

厚生労働省 2008「障害児支援の見直しに関する検討会報告書」http://www-bm.mhlw.go.jp/shingi/2008/07/s0722-5.html

黒川新二 2007「自閉症をとりまく状況はどうかわったか」『そだちの科学8』日本評論社、pp.41-46。

ミネルヴァ書房編集部 2009「発達障害者支援法」『社会福祉小六法』pp.935-938。

文部科学省 2007『「発達障害」の用語の使用について』www.mext.go.jp/a_menu/shotou/tokubetu/main/002.htm

中田洋二郎 2002『子どもの障害をどう受容するか――家族支援と援助者の役割――』大月書店。

中田洋二郎 2009『発達障害の家族支援 家族にとっての障害とはなにか』学研。

西澤直子・上田征三・高橋実 2003「保育所における「気になる子ども」の実態と支援の課題（１）」『日本特殊教育学会41回大会報告集』p.745。

大神英浩 2008『発達障害の早期支援 研究と実践を紡ぐ新しい地域連携』ミネルヴァ書房。

杉山登志郎 2007「発達障害パラダイム転換」『そだちの科学8』日本評論社、pp.2-16。

杉山登志郎 2008「「発達障害」をどうとらえるか」『発達』vol.115、特集「発達障害をもつ子どもの育ちを支える」ミネルヴァ書房、pp.1-28。

高橋実 2010「発達障害児の生活と地域支援の課題」『障害科学研究 第34巻』

高橋実・上田征三・西澤直子 2003「保育所における「気になる子ども」の実

態と支援の課題（2）」『日本特殊教育学会41回大会報告集』p.746。
徳田克己・遠藤敬子　1997『ハンディのある子どもの保育ハンドブック』福村
　　出版。

第4章　学齢期の教育と地域生活支援

1．発達に困難をかかえた子どもの就学支援

(1) 就学先決定過程に関する調査の目的と方法

　平沼・高橋（2004）は、発達に困難をかかえた子どもが学習権・発達権を行使できる就学先を、家族が安心感、満足感をもって決められるような教育制度の在り方、就学支援の在り方を考察するために、保護者が発達に困難をかかえた子どもの就学先を決定する過程を一つの意思決定過程として捉え、それをモデル化することを試みた。この研究では「就学先決定過程」を、発達の困難があることを知った時点に始まり、場合によっては就学後も続いていくものとして捉え、その過程も一方向的に進むものではなく、"行きつ戻りつ"の複雑なプロセスを辿ることを想定した。

　そこで、保護者が発達の困難をかかえた子どもの就学先を決定する際にどのような要因を考慮しているかを調査した結果を分析した。方法は、次の通りであった。なお、この調査は、特別支援教育開始前に行われたため、当時の呼称をそのまま用いた。2007年度から、特殊学級は特別支援学級、養護学校は特別支援学校に変った。

　A市にある小・中学校の通常学級、特殊学級、および養護学校の初等部・中等部に在籍する発達に困難をかかえた子どもの保護者を対象に質問紙調査を実施した。調査時期は2003年2月から3月であった。

　本調査に先立って行われた予備調査（障害児通園施設の就学支援担当者へのヒアリング）と先行研究を参考に質問紙（『就学先決定に関するアンケート調査』（[A4判14ページ]））を作成した。質問紙の構成（質問項目と回答形式）は表4-1に示す通りである。フェイスシートには、調査目的とプライバシー保護を記して調査依頼文と調査者の連絡先を記載した。

表4-1　質問紙の構成（質問項目と回答形式）

1) 家族構成
   ①家族構成と各人の年齢(学年)［記入式］
   ②記入者［選択式］
   ③世帯の同別(祖父母のみ)［選択式］
2) これまでの経過(障害告知、通園施設、在籍学級など)
   ①障害を知らされた時期と機関［記入式］
   ②障害名［記入式］と告知内容［自由記述式］
   ③就学前に通園(利用)していた施設［選択＆記入式］
   ④在籍学校・学級［選択式］と在籍期間［記入式］
   ⑤転籍の理由(該当者のみ)［自由記述式］
3) 現在の状況(障害・発達の状態、連携機関など)
   ①身辺自立、コミュニケーション・社会性の発達［3段階評定］
     ＊津守ら(1965,1995)より抜粋した項目を使用
   ②専門機関との連携状況［選択式］
   ③療育手帳・身体障害者手帳の交付状況［選択＆記入式］
   ④在籍学級の人数［選択＆記入式］
   ⑤言語障害学級の利用状況［選択＆記入式］
   ⑥学童保育の利用状況［選択＆記入式］
   ⑦子どもの様子で心配なこと［自由記述式］
4) 就学先決定の準備(決定時期、学校見学など)
   ①就学先として考えた学校・学級［選択式］
   ②就学先を決定した時期［記入式］
   ③入学前に見学した学校・学級とそのきっかけ［選択式］
5) 就学先決定で考慮した要因
   ①就学先決定で重視したかった条件［4段階評定］
     ＊「大変重視したいと考えた」「ある程度重視したいと考えた」「あまり重視したいと考えなかった」「全く重視したいと考えなかった」の4件法で評定
   ②実際の就学先にあてはまる条件［4段階評定］
     ＊「よくあてはまる」「ある程度あてはまる」「あまりあてはまらない」「全くあてはまらない」の4件法で評定
   ③就学先決定で重視したこと［自由記述式］
6) 就学先決定における家族の意見
   ①配偶者の意見［選択＆自由記述式］
   ②祖父母の意見［選択＆自由記述式］
   ③きょうだいの意見［選択＆自由記述式］
7) 就学先決定の満足度
   ①就学先決定時の満足度［4段階評定］
   ②就学後しばらく経ってからの満足度［4段階評定］
   ③現在の就学先に対する不満［自由記述式］
   ④今後必要だと思う条件整備［自由記述式］
8) アンケート集計結果の返送
   ①アンケート集計結果の返送希望調査［選択式］
   ②集計結果の返送方法の選択(該当者のみ)［選択式］
9) インタビュー調査協力依頼
   ①インタビュー調査協力依頼への回答［記入式］

出典：平沼博将・高橋実　2004「障害児の就学に関する意思決定過程(1)—保護者が考慮する要因の検討—」『福山市立女子短期大学紀要第30号』

表4-2　対象児の学年別人数

	通常学級群 (n=6)	特殊学級群 (n=77)	養護学校群 (n=20)	合　計 (n=103)
小学校1年生	1	21	5	27
2年生	1	17	6	24
3年生	0	15	2	17
4年生	0	6	1	7
5年生	3	9	2	14
6年生	1	8	1	10
中学校1年生	0	0	1	1
2年生	0	0	1	1
3年生	0	1	1	2

出典：平沼博将・高橋実　2004「障害児の就学に関する意思決定過程(1)―保護者が考慮する要因の検討―」『福山市立女子短期大学紀要第30号』

表4-3　対象児のクラス別人数

	特殊学級群 (n=77)	養護学校群 (n=20)	合　計 (n=97)
知的障害	46	11	57
情緒障害	19	0	19
肢体不自由	4	1	5
難聴	3	0	3
知的障害＆肢体不自由	0	3	3
(無記入)	5	5	10

出典：平沼博将・高橋実　2004「障害児の就学に関する意思決定過程(1)―保護者が考慮する要因の検討―」『福山市立女子短期大学紀要第30号』

　質問紙の配布は、発達に困難をかかえた子どもの保護者団体の協力を得て行った。配布総数は317部であった（内訳は、育成会小中部会［199部］、A養護学校保護者会［58部］、B養護学校保護者会［16部］、障害児の親の会［24部］、療育施設卒園生の親の会［20部］）。質問紙の回収は、添付した封筒による郵送方式で行った（料金受取人払制度を利用）。

　回収された質問紙は105部（回収率は33.1％）であった。その内、養護学

校高等部に在籍する児のデータ（1部）と大部分が無回答であった（1部）を除いた103名分のデータを分析の対象とした。

（2）家族構成、在籍する学級など

分析の対象となった103名の児童の平均年齢は9.26歳（SD＝3.39）であった。また兄弟姉妹がいる児童は89名（86.4％）、祖父母と同居している児童は27名（26.2％）であった。

次に、児童の在籍する学校・学級について集計したところ、通常学級が6名（5.8％）、特殊学級が77名（74.8％）養護学校が20名（19.4％）であった（以下「通常学級群」「特殊学級群」「養護学校群」と記す）。各群の学年別人数を表4-2に、また、特殊学級群、養護学校群については（障害）クラス別人数を表4-3に示す。

（3）発達困難の状態など

子どもに発達の困難があることを知らされた時期について集計したところ、その多くが3歳までに告知を受け、全体の7割を占めた（図4-1）。しかし、学習障害（LD）や注意欠陥・多動性障害（AD/HD）の場合には、就学後に告知を受けるケースもあった。

告知を受けた機関は、病院［33］、通園施設［20］、保健所（乳幼児健診）［13］、児童相談所［9］の順に多かったが、具体的な症状名は告げられていないケースも多くあった。

告知された症状名とその人数を表4-4に示す。ただし、複数の症状名が記入されている場合（例えば、「自閉症・知的障害」「LD・AD/HD」など）は重複して集計した。

次に、「療育手帳」「身体障害者手帳」の交付状況について集計した（表4-5、表4-6）。

「療育手帳」については約半数（53名）が交付を受けており、「身体障害者手帳」も20名（19.4％）が交付を受けていることが分かった。

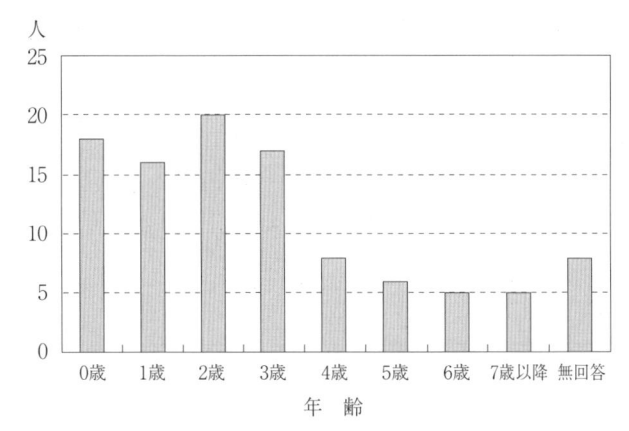

出典:平沼博将・高橋実 2004「障害児の就学に関する意思決定過程(1)
　　―保護者が考慮する要因の検討―」『福山市立女子短期大学紀要第30号』

図4-1　子どもの障害を知らされた時期

表4-4　告知された障害名とその人数

告知された障害名	人　数
知的障害・言語遅滞	16
自閉症＊「高機能自閉症」「自閉傾向」を含む	11
てんかん	6
学習障害（ＬＤ）＊「ＬＤサスペクト」を含む	6
注意欠陥・多動性障害（AD/HD）	5
聴覚障害・難聴	4
情緒障害	2
脳性麻痺	2
水頭症	1
進行性筋ジストロフィー	1
染色体異常	1
筋緊張低下	1
先天性サイトメガロウィルス感染症	1
（無記入）＊「障害名を伝えられなかった」を含む	51

＊　　重複回答あり
出典:平沼博将・高橋実　2004「障害児の就学に関する意思決定過程(1)―保護者が考慮する要因の検討―」『福山市立女子短期大学紀要第30号』

表4-5 「療育手帳」の交付状況

	通常学級群 (n=6)	特殊学級群 (n=77)	養護学校群 (n=20)	合計 (n=103)
○A	0	3	7	10
A	0	7	9	16
○B	0	16	1	17
B	0	10	0	10
(不明)	0	2	2	4
交付なし	6	39	1	46

出典：平沼博将・高橋実　2004「障害児の就学に関する意思決定過程(1)
　　　──保護者が考慮する要因の検討──」『福山市立女子短期大学紀要第30号』

表4-6 「身体障害者手帳」の交付状況

	通常学級群 (n=6)	特殊学級群 (n=77)	養護学校群 (n=20)	合計 (n=103)
1級	0	3	2	5
2級	0	3	0	3
3級	0	1	1	2
4級	1	0	1	2
5級	0	6	1	7
6級	0	0	1	1
(不明)	0	1	0	1
交付なし	5	63	14	82

出典：平沼博将・高橋実　2004「障害児の就学に関する意思決定過程(1)
　　　──保護者が考慮する要因の検討──」『福山市立女子短期大学紀要第30号』

（4）諸機関の利用状況

　就学前に利用していた施設について尋ねたところ、ほとんどの児童がなんらかの施設を利用しており、複数の施設を利用していた者も多かった（表4-7）。次に、現在連携をとっている機関・施設（表4-8）と「ことばの教室」（言語障害児学級）、「放課後児童クラブ」（学童保育）の利用状況を尋ねた（表4-9、表4-10）。

表4-7　就学前に利用していた施設など

	通常学級群 (n=6)	特殊学級群 (n=77)	養護学校群 (n=20)	合計 (n=103)
保育所	5	47	7	59
幼稚園	4	20	0	24
通園施設	4	57	18	79
親子教室	1	19	2	22
その他	0	8	3	11
なし	0	1	1	2

*　重複回答あり
出典：平沼博将・高橋実　2004「障害児の就学に関する意思決定過程(1)
　　　―保護者が考慮する要因の検討―」『福山市立女子短期大学紀要第30号』

表4-8　現在連携をとっている機関

	通常学級群 (n=6)	特殊学級群 (n=77)	養護学校群 (n=20)	合計 (n=103)
病院	1	26	10	37
通園施設	2	23	5	30
児童相談所	0	15	2	17
保健所	0	1	0	1
大学	0	6	0	6
教育委員会	0	2	0	2
その他	0	7	0	7
なし	3	26	6	35

*　重複回答あり
出典：平沼博将・高橋実　2004「障害児の就学に関する意思決定過程(1)
　　　―保護者が考慮する要因の検討―」『福山市立女子短期大学紀要第30号』

表4-9　ことばの教室の利用状況

	通常学級群 (n=6)	特殊学級群 (n=77)	養護学校群 (n=20)
ことばの教室	0	0	0

出典：平沼博将・高橋実　2004「障害児の就学に関する意思決定過程(1)
　　　―保護者が考慮する要因の検討―」『福山市立女子短期大学紀要第30号』

表4-10　放課後児童クラブの利用状況

	通常学級群 (n=6)	特殊学級群 (n=77)	養護学校群 (n=20)
放課後児童クラブ	0	23	0

出典：平沼博将・高橋実　2004「障害児の就学に関する意思決定過程(1)
　　　―保護者が考慮する要因の検討―」『福山市立女子短期大学紀要第30号』

表4-11　就学先として考えた学校・学級

	通常学級群 (n=6)	特殊学級群 (n=77)	養護学校群 (n=20)
[学区内]			
通常学級	6 (100%)	20 (26%)	1 (5%)
特殊学級	1 (17%)	66 (86%)	10 (50%)
養護学校	0 (0%)	11 (14%)	14 (70%)
[学区外]			
通常学級	0 (0%)	2 (3%)	0 (0%)
特殊学級	0 (0%)	23 (30%)	4 (20%)
養護学校	0 (0%)	11 (14%)	9 (45%)

*　重複回答あり
出典：平沼博将・高橋実　2004「障害児の就学に関する意思決定過程(1)
　　　―保護者が考慮する要因の検討―」『福山市立女子短期大学紀要第30号』

表4-12　就学前に見学に行った学校・学級

	通常学級群 (n=6)	特殊学級群 (n=77)	養護学校群 (n=20)
[学区内]			
通常学級	3 (50%)	22 (29%)	3 (15%)
特殊学級	2 (33%)	59 (77%)	11 (55%)
養護学校	1 (17%)	22 (29%)	13 (65%)
[学区外]			
通常学級	0 (0%)	5 (6%)	1 (5%)
特殊学級	1 (17%)	32 (42%)	5 (25%)
養護学校	0 (0%)	16 (21%)	7 (35%)

*　重複回答あり
出典：平沼博将・高橋実　2004「障害児の就学に関する意思決定過程(1)
　　　―保護者が考慮する要因の検討―」『福山市立女子短期大学紀要第30号』

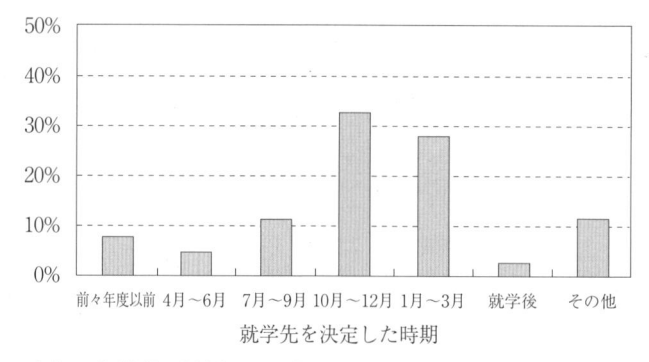

出典：平沼博将・高橋実　2004「障害児の就学に関する意思決定過程（1）
　　　—保護者が考慮する要因の検討—」『福山市立女子短期大学紀要第30号』

図4-2　就学先を決定した時期

　連携機関に関しては、就学後も通園施設と連携をとっている保護者が多いことが分かった。また、特殊学級に在籍する児童の3分の1が放課後児童クラブ（学童保育）を利用していた。

（5）就学先決定の準備状況（学校見学など）

　就学先の選択肢として考えていた学校・学級を学区内外の別も含めて尋ねた（表4-11）。通常学級群で養護学校を、養護学校群で通常学級を選択肢として考えていた者は少なかったが、全体としては学区外の学校も含めて就学先を考えていることが分かった。

　また、その中で実際に入学前に見学に行った学校・学級についても尋ねた（表4-12）。その結果、ほとんどの保護者が就学前に学校・学級を見学しており、見学を全くしていなかった保護者は9名だけであった。

　また、学校見学に行ったきっかけは「自分で考えて」が53名、［通園施設の紹介］が43名、「親同士で相談して」が34名、「公的機関の紹介」が10名であった。次に、就学先を最終的に決定した時期について集計した（図4-2）。前年度の10月〜3月が全体の7割を占めており、就学時期の直前に決定した例も少なくないことが分かった。

（6）就学先決定で考慮する要因尺度の構成

　まず、就学先を決める際に重視したこと（35項目）への回答を「大変重視したいと考えた」を4点、［ある程度重視したいと考えた］を3点、「あまり重視したいと考えなかった」を2点、「全く重視したいと考えなかった」を1点として得点化した。

　次に、就学先決定過程に影響する諸要因を探るためすべての項目で因子分析（主因子法、バリマックス回転）を行った。累積寄与率（50％以上）、因子を構成する項目数（3項目以上）を条件とした上で、解釈可能性を考えて6因子解を採用した。因子負荷量がいずれの因子に対しても0.4未満であった5項目（「担当（予定）教員の人柄がよかったこと」「学校見学の際の印象がよかったこと」「子どもの健康状態」「教育委員会の決定」「障害児の親とつながりがもてること」）を除外して、再度、因子数を6として因子分析を行った。回転後の因子行列と各項目の平均得点を表4-13、図4-3に示す。第1因子に高い負荷を示した項目は「カリキュラムが充実していること」「担当教員の専門性が高いこと」「学級の規模（人数）が適切であること」「担当教員の人数が多いこと」「近所の保護者の評判がよかったこと」「きょうだいの就学先でないこと」「友だち（障害児）が多く就学すること」の7項目であり『障害児教育の質』尺度とした。

　第2因子を構成したのは「幼稚園・保育園の教職員の助言」「児童相談所の職員の助言」「保健師の助言」「医師の助言」「就学先の校長の助言」「他の障害児の親の意見」「通園施設の教職員の助言」の7項目であり、『専門家の助言』尺度とした。

　第3因子には「自宅から近いこと」「学区内の学校であること」「地域の親とつながりがもてること」「友だち（健常児）が多く就学すること」「きょうだいの就学先であること」「通学路が安全であること」「交通機関の利便性がよいこと」の7項目が高い負荷量を示し、『地域とのつながり』尺度と解釈した。

　第4因子は「建物がバリアフリーであること」「学校にエレベーターがあること」「通学の送迎バスがあること」の設備や条件面の整備を重視している3項目で構成され、『設備・条件の整備』尺度と命名した。

表4-13 回転後の因子行列（主因子法・バリマックス回転）と各項目の得点平均

項　目	因子 I	II	III	IV	V	VI	共通性	平均
〔障害児教育の質〕（a =0.824）								
カリキュラムが充実していること	0.703	0.046	-0.060	0.036	0.312	-0.023	0.598	3.14
担当教員の専門性が高いこと	0.677	0.048	-0.049	0.002	0.359	-0.066	0.597	3.32
学級の規模(人数)が適切であること	0.653	0.116	0.011	-0.250	0.138	0.168	0.550	3.14
担当教員の人数が多いこと	0.653	0.133	0.078	0.096	0.212	0.201	0.544	3.25
近所の保護者の評判がよかったこと	0.482	0.257	0.164	0.119	0.000	0.089	0.348	2.11
きょうだいの就学先でないこと	0.459	0.257	0.178	0.263	-0.064	0.087	0.389	1.72
友だち(障害児)が多く就学すること	0.437	0.254	-0.020	0.159	-0.005	0.141	0.302	2.48
〔専門家の助言〕（a =0.842）								
幼稚園・保育園の教職員の助言	0.107	0.866	0.145	-0.195	0.021	-0.096	0.830	2.71
児童相談所の職員の助言	0.097	0.765	0.099	0.207	0.012	0.101	0.658	2.16
保健師の助言	0.113	0.579	0.085	0.284	0.024	0.129	0.454	1.84
医師の助言	0.310	0.559	0.155	-0.056	0.093	0.062	0.448	2.49
就学先の校長の助言	0.141	0.511	0.239	-0.052	0.242	0.252	0.463	2.86
他の障害児の親の意見	0.164	0.414	-0.067	0.193	0.076	0.388	0.397	2.92
通園施設の教職員の助言	0.385	0.412	-0.012	-0.126	0.238	0.025	0.391	3.04
〔地域とのつながり〕（a =0.806）								
自宅から近いこと	-0.129	-0.043	0.769	0.136	-0.020	0.030	0.630	3.41
学区内の学校であること	-0.127	0.119	0.764	-0.051	-0.061	0.041	0.622	3.22
地域の親とつながりがもてること	-0.176	0.085	0.620	-0.152	-0.012	0.245	0.506	3.04
友だち(健常児)が多く就学すること	0.079	0.407	0.611	-0.042	-0.025	-0.232	0.601	2.87
きょうだいの就学先であること	0.158	0.152	0.580	-0.088	-0.036	0.023	0.394	2.87
通学路が安全であること	0.282	-0.017	0.488	0.188	0.366	0.003	0.485	3.09
交通機関の利便性がよいこと	0.242	0.042	0.445	0.249	0.090	0.137	0.348	2.78
〔設備・条件の整備〕（a =0.745）								
建物がバリアフリーであること	0.015	0.047	0.103	0.925	0.094	0.040	0.879	1.91
学校にエレベーターがあること	-0.009	0.135	0.049	0.707	0.011	0.024	0.521	1.60
通学の送迎バスがあること	0.182	-0.135	-0.315	0.537	-0.054	0.201	0.482	1.92
〔障害・発達の状態〕（a =0.742）								
子どもの集団への適応力	0.269	0.152	-0.113	0.000	0.753	-0.010	0.675	3.64
子どもの障害の程度	0.120	0.065	-0.039	0.002	0.714	0.177	0.561	3.61
子どもの身辺自立の程度	0.190	0.050	0.075	0.059	0.509	0.010	0.307	3.42
〔家族の意見〕（a =0.674）								
きょうだいの意見	0.210	0.161	0.102	0.131	-0.099	0.778	0.713	2.55
祖父母の意見	0.159	0.094	0.086	0.090	0.111	0.642	0.474	2.39
配偶者の意見	-0.086	-0.038	0.047	-0.089	0.399	0.507	0.435	3.28
二乗和	3.23	3.14	3.05	2.23	2.10	1.85		
寄与率（％）	10.77	10.45	10.18	7.44	7.00	6.16		
累積寄与率（％）	10.77	21.22	31.40	38.84	45.84	52.00		

出典：平沼博将・高橋実　2004「障害児の就学に関する意思決定過程1)―保護者が考慮する要因の検討―」『福山市立女子短期大学紀要第30号』

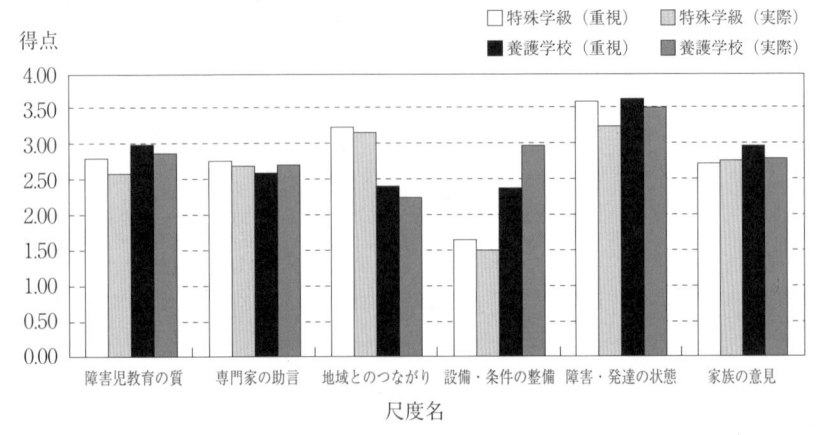

出典：平沼博将・高橋実　2004「障害児の就学に関する意思決定過程（1）
　　　―保護者が考慮する要因の検討―」『福山市立女子短期大学紀要第30号』

図4-3　就学先決定に関わる要因（尺度得点）の比較

第5因子は、「子どもの集団への適応力」「子どもの障害の程度」「子どもの身辺自立の程度」の3項目の負荷量が高く、障害の特徴や発達の状態を重視する『障害・発達の状態』尺度とした。

第6因子は、「きょうだいの意見」「祖父母の意見」「配偶者の意見」の3項目で構成されたため、『家族の意見』尺度とした。

（7）保護者が就学先決定で考慮する要因についての考察

本研究の分析対象者（103名）は、発達に困難をかかえた子どもの数から考えても決して充分なデータとは言えない。特に通常学級で学ぶ発達に困難をかかえた子どもについては少数のデータしか得られなかった。また、今回の調査対象者は、育成会など保護者団体を通じて質問紙を配布したこともあって、就学前から通園施設や保育園・幼稚園への通園を通して障害に対する知識や就学についての情報を得る機会が多かったと推測する。よって、調査結果はこれらの点を考慮に入れて慎重に考察する必要がある。とはいえ、本研究からは、保護者が発達に困難をかかえた子どもの就学先を決定すると

表4-14 各尺度得点(重視得点・実際得点)の群別平均と標準偏差

尺度名	特殊学級群 (n=77)		群内比較	養護学校群 (n=20)		群内比較	群間比較	
	重視得点	実際得点		重視得点	実際得点		重視	実際
障害児教育の質	2.80 (0.51)	2.60 (0.50)	*	2.98 (0.53)	2.88 (0.48)			*
専門家の助言	2.77 (0.62)	2.70 (0.68)		2.60 (0.66)	2.71 (0.79)			
地域とのつながり	3.24 (0.54)	3.17 (0.60)		2.41 (0.60)	2.25 (0.60)		**	**
設備・条件の整備	1.65 (0.81)	1.49 (0.79)		2.37 (0.93)	2.98 (0.77)	*	**	**
障害・発達の状態	3.59 (0.48)	3.24 (0.58)	**	3.63 (0.46)	3.49 (0.53)			+
家族の意見	2.72 (0.72)	2.76 (0.76)		2.97 (0.81)	2.79 (0.68)	*		

** $p<.01$　* $p<.05$　+ $p<.10$

出典:平沼博将・高橋実 2004「障害児の就学に関する意思決定過程1)——保護者が考慮する要因の検討——」『福山市立女子短期大学紀要第30号』

いう意思決定過程に関わる要因について多くの知見が得られた。

　保護者が考慮する要因としては、『障害児教育の質』、『専門家の助言』、『地域とのつながり』、『設備・条件の整備』、『障害・発達の状態』、『家族の意見』の6つの尺度が得られた。これらは先行研究や予備調査の結果から想定していた尺度と概ね一致していたが、項目ごとにみてみると「他の障害児の親の意見」が『専門家の助言』尺度に含まれるなど興味深い結果も得られた(表14-4)。今後の発達に困難をかかえた子どもの就学支援の在り方を考える上でも重要な視点となるだろう。もちろん、現在でも、発達に困難をかかえた子どもの親の会などの自助グループは存在するし、通園施設等では就学説明会で保護者の話を聞く機会を設けているところも多い。また、各尺度得点の比較から、特殊学級に在籍する児童の保護者は『地域とのつながり』をより重視し、養護学校に在籍する児童の保護者は『設備・条件の整備』をより重視していたことが示された。一方、『障害児教育の質』や『障害・発達の状態』等では特殊学級と養護学校で差がみられなかった。この結果は、発達に困難を持つ子どもの保護者が、子どもの就学先を決めるにあたって「地域での教育か、専門の教育か」という二者択一を強いられているという現状を示していると同時に、障害児教育の専門性に対する保護者の期待は、特殊学級と養護学校とではほとんど差がないことも示している点で重要であ

る。また、〈重視得点〉と〈実際得点〉を比較した結果は、特殊学級での教育がそうした保護者の期待に十分応え切れていないことを示唆している。

(8) 保護者の就学決定要因を考慮した就学支援

発達に困難をかかえた子どもの保護者は、『障害児教育の質』、『専門家の助言』、『地域とのつながり』、『設備・条件の整備』、『障害・発達の状態』、『家族の意見』の6つの条件を総合的に考えながら、就学先を決定していることがわかった。したがって、保護者が安心して適切な就学先を決定することを支援するためには、特別支援教育の質や学校の設備や通学条件を充実させることとともに、その情報提供のシステムを保育所、幼稚園、療育機関、学校が協力して整備していくことが必要なのではないかと考える。

そしてその情報提供は、入学の直前ではなく、発達に困難をかかえたことがわかった時点から系統的に行われる必要がある。その際考慮しなければいけないのは、①子どもの障害や発達の状態を適切に保護者に伝えること、②親以外の家族にも子ども理解を促すこと、③きょうだい児へのケアもあわせて行うこと、④通常学校と特別支援学校との連携により、子どもの地域とつながりの確保を保障すること、⑤同じように発達に困難をかかえた子どもの保護者とのつながり、すなわちセルフ・ヘルプ・グループへのアクセスを保障するとともにその活動を支援すること、などである。

これまでも障害の早期発見、早期療育の体制づくりに力を入れてきた自治体は多いが、必ずしも発達に遅れのない発達障害児や家庭環境の要因によって発達に困難をかかえた子どもが急速に増加していくなかで、保健所や療育機関だけではなく、保育所、幼稚園と学校とが連携した新たな就学支援システムづくりが必要になってきているのではないかと考える。今後、地域の中で就学支援のためのネットワークが組織され、すべての発達に困難をかかえた子どもたちが、豊かで充実した学校生活が送れるような就学支援システムが構築されていくことを願ってやまない。(本節に掲載した論文の初出は、平沼博将・高橋実「障害児の就学に関する意思決定過程(1)——保護者が考慮する要因について——」(福山市立女子短期大学研究紀要第30号所収、2004年)である。本稿は、初出論文の第一著者である平沼博将氏の了承

を得た上で、高橋が加筆修正したものである。)

2. 小中学校における特別支援教育

(1) 現状と課題

　2007年度からの特別支援教育制度の発足により、通常学級に在籍する発達に困難をかかえた子どもにも支援の手が差し伸べられるようになった。2003年に文部科学省は全国370校、4,328学級に対して行った「通常の学級に在籍する特別な教育的支援を必要とする児童生徒に関する全国調査」の結果を発表し、知的発達に遅れはないものの、学習面や行動面で著しい困難をかかえたていると担任教師が回答した児童生徒の割合を6.3％とした。この数値が示す通常学級における発達に困難をかかえた子どもへの特別支援対策は、通級による指導教室の充実、特別支援コーディネーターの指名、巡回相談支援体制の整備などであった。

　通級指導教室の対象は、2006年の学校教育法施行規則の一部改正に伴い、対象児童生徒が、「言語障害者、情緒障害者（自閉症等、選択性かん黙等）、弱視者、難聴者、その他心身に故障のある者で、本項の規定により特別の教育課程による教育を行うことが適当なもの」であったものが「言語障害者、自閉症者、情緒障害者（選択性かん黙等）、弱視者、難聴者、学習障害者、注意欠陥多動性障害者、その他心身に故障のある者で、本項の規定により特別の教育課程による教育を行うことが適当なもの」へときめ細かな対象者に整理された。

　2007年度からの特別支援教育制度の発足にともない中学校においても通級指導教室の希望者は急増している。筆者が居住するＡ市においても小中学校ともに、通級による指導を希望する児童生徒の数は急増しているのに対し、開設数が追いつかず、ひとつの学校に希望者が集中し、指導時間が十分にとれないなどの問題が生じている。また、開設された学校への通学のための交通機関の状況により利用できにくかったり、保護者の就労状況によって通学保障ができず利用できない場合が生じている。これはＡ市に限らず全国的な

状況であろうと推測される。

　子どもの教育の機会均等の原則からしても、早急に通級指導教室を増設するとともに他校通級を行っている児童生徒の公的送迎システムを整備する必要があると考える。

　また通級による指導教室は、2005年の「特別支援教育を推進するための制度の在り方について」の中で、ほとんどの時間を特別支援教室で特別の指導を受ける特別支援教室Ⅰ、比較的多くの時間を通常の学級で指導を受けつつ、障害の状態に応じ、相当程度の時間を特別支援教室で特別の指導を受ける特別支援教室Ⅱ、一部の時間のみ特別支援教室で特別の指導を受ける形態特別支援教室Ⅲという特別支援教室（仮称）構想を提起し、特別支援学級の特別支援教室への一本化が議論されたが、全国特殊学級設置学校長協会などによる「特殊学級制度の存続を含めた見直しについて」の意見表明などにより、特別支援学級として特殊学級の存続がはかられることになった（全国特殊学級設置学校長協会、2005年）。

　現在の公立学校は、「学級」編制を基本とする教職員配置システムをとっているため、学級に位置付けられない通級による指導教室の教員配置は、「加配」方式で対応されてきている。したがって、通級による指導教室が特別支援教室（仮称）構想の方向ですすむにしても、安定した教員確保と柔軟な運営を行えるような法的根拠をどのようにつくっていけるのかが今後の課題である。

（2）学校全体での取り組みにより子どもが落ち着いてきた事例

　筆者が巡回相談員として長期的にかかわり、学校全体が落ち着いてきた事例を紹介し、小学校における特別支援教育の在り方について考察してみたい。Ｓ小学校は、児童数400人程度の中規模校で、新興の住宅地街に位置している。当初１年生のクラスで学級崩壊に直面し、保護者も学校訪問したり、校長が教室に入ったりしても、子どもが落ち着かなかった。また高学年にも荒れる子どもが複数おり、厳しい指導を行っても効果がみられなかった。そこで当時少しずつ問題が認識されてきていたＬＤ・ＡＤ／ＨＤの問題が関係しているのではないかと校長が判断し、筆者が相談で訪問することとなった。

当時、学級が荒れるのは教師の指導力が足りないからであるという風潮があるなかで、S小学校でも担任が精神的に憔悴して病休になることがしばしばあった。最初に広汎性発達障害が疑われたT児の相談を受け、学級での様子の観察と家庭環境等の聞き取りを行った後に心理検査を実施した。その後保護者とも面接を行い、総合的な子どものアセスメントを行った。その結果、T児の発達障害も疑われるが、母親のかかわり不足に伴う愛着障害も疑われ、母親への受容的な面接と子どもへのかかわり方の助言を行ったところ、比較的短期間に効果がみられた。その後も同様の総合的アセスメントを行っていくなかで、子どもが落ち着いてくることにより、担任の指導力不足という精神的負担が軽減し、担任も元気になっていった。

その後、校内研修会を行い、落ち着かない子どもを担任まかせにするのではなく、組織的に対応する必要があること、子どもの自己肯定感を育てる教育が必要であるという共通認識のもとで、ノート指導、板書指導、子どもをほめて変える手法、高学年が低学年を援助する縦割り掃除など、学校全体の学習指導、生活指導を改善していった。

校内組織としては、特別支援委員会を校長、教頭、コーディネーターで組織し、月に1回の定期と必要に応じて随時開催し、教務指導部、生活指導部、保健部など他の部会とも連携して学校全体の運営のなかに位置付けた。また保護者に対しても特別支援教育の講演会を開催することで理解を促すことにより、保護者が落ち着かない子どもの困り感を担任に相談しやすい土壌をつくった。

また、全担任から困り感のある子どもすべてをリストアップし、簡易チェック方式により、子どもの状態の輪郭表を作成するとともに対策の緊急度を5段階評定し、その情報を学校全体で掌握した。そして緊急度5の子どもから校長と担任が保護者に面接し、対応を協議したのち、1か月後に再面談を行い、子どもの心理検査実施の了解を得られたケースを筆者が訪問して総合的にアセスメントするとともに、校長、担任、特別支援コーディネーターとともに保護者にもその結果を知らせ、対応をいっしょに考えるというサイクルを確立した。

こうして教員も子どもの教育に手ごたえを感じ、保護者も子どもを受け入

れてくれるという信頼感が増し、子どもが落ち着き、保護者とのトラブルも減少していった。

　この事例から教訓的にいえることは、通常学級に在籍する特別な支援を必要とする子どもを担任や特別支援コーディネーターにまかせた対応に終わることなく、学校運営全体の問題として、全教員が情報を共有し、学習指導、生活指導のなかに活かすということと、専門家による総合的アセスメントを参考して個別指導計画を立て、保護者支援も含めて共同で取り組むということである。また筆者が相談を受けたケースには、発達障害だけでなく少なからず家庭の養育環境による課題をかかえた子どもも含まれており、家庭の養育環境をも改善していくソーシャルワーク的視点も欠かせない視点であるということであった。

　1994年のサラマンカ声明で打ち出した特別ニーズ教育は、発達障害のようないわゆる「障害」のある子どもだけではなく、不登校、いじめ、虐待、外国人子女などあらゆる特別な教育的ニーズにこたえ得る、インクルーシブな学校づくりにあることを鑑みた今後の学校改革がすすんでいくことを期待したいと考える。

3．発達に困難をかかえた子どもの放課後保障の現状と課題

（1）学童保育法制化までの歴史

　共働き、母子家庭、父子家庭の子どもたちは、小学校から帰った後の放課後や、春・夏・冬休みなどの学校休業日には、家で父母が帰ってくるまで、留守番をすることを余儀なくされる。とりわけ、低学年の子どもにとって、子どもだけでの留守番は、子どもにとっても親にとっても不安であり、親が安心して働くことができない。

　こうした留守家庭の子どもたちに対する保育ニーズに応える取り組みは、学童保育運動として、戦後まもなくから、大阪や東京で始められ、全国に急速に広がり、親や関係者の切実な要請のなかで、行政施策として、少しずつ展開されていった。しかし学童保育そのものを直接定めた法律は、長年未整

表4-15 学童保育の制度化及び障害児の受け入れに関する国の施策の推移

年	国の施策の推移
1966年	文部省が「留守家庭児童会補助事業」を開始
1970年	「留守家庭児童会補助事業」を廃止し、「校庭解放事業」に統合
1976年	厚生省が「都市児童健全育成事業」を開始
1991年	厚生省が「放課後児童対策事業」を開始（「都市児童健全育成事業」の「児童育成クラブ」は解消）
1994年	中央児童福祉審議会の部会が学童保育の法制化を意見具申 厚生省・大蔵省・自治省が「緊急保育対策5ヵ年事業」を策定し、放課後児童クラブを1999年に9,000ヵ所まで補助する計画を発表
1995年	厚生省が「コミュニティ児童館」（保育所等へ併設される学童保育専用施設）事業を創設 厚生省が「地域児童育成計画指針」（地方版エンゼルプラン）策定
1996年	中央児童審議会基本問題部会が学童保育の法制化を盛り込んだ中間報告をまとめる
1997年	児童福祉法の一部改正により、学童保育が「放課後児童健全育成事業」として法制化される
1999年	政府が新エンゼルプランを策定し、放課後児童クラブを2004年度までに1,150ヵ所まで補助する計画を発表
2001年	男女共同参画会議の提言を受け、首相が所信表明演説で「必要な地域すべてに放課後児童の受け入れ体制を整備」することを表明　閣議決定で2004年度までに15,000ヵ所まで補助することを決定 補正予算で初めて学童保育専用施設への整備費が予算化される 10〜20人の小規模放課後児童クラブにも補助枠を拡大 障害児受け入れ促進試行事業（障害児4人以上）の開始
2003年	障害児受け入れ加算事業に名称変更し、障害児2人以上に拡充
2004年	文部科学省　地域子ども教室推進事業を開始 厚労省障害児タイムケア事業を2005年度から予算化
2006年	10月に実施された障害者自立支援法の日中一時支援に障害児タイムケア事業が統合された。学齢児を3割以上受け入れている児童デイサービス事業がⅡ型として補助金が削減された。
2007年	文部科学省　地域子ども推進事業を放課後子ども教室推進事業に変更して実施 厚生労働省の放課後児童健全育成事業と文部科学省の放課後子ども教室の事業を一体化して、放課後子どもプランを創設 10月　厚生労働省　放課後児童クラブガイドラインを発表

出典：水田和江・井村圭壯編著　2002『第三版　児童福祉を学ぶ』学文社、p.113の「表Ⅶ-1　学童保育制度化に係る国の施策の推移」（高橋作成）に高橋が加筆して作成。

備のままであった。それが1997年の「児童福祉法」改正の中で、「放課後児童健全育成事業」としてはじめて法制化され、1998年4月から施行されることとなった。この推移を大まかにまとめたものが表4-15である。

表4-15からわかるように、1966年に文部省（現文部科学省）が「留守家庭児童会補助事業」を開始してから、学童保育が法制化されるまでに30年余りが経過している。法制化が実現した背景には、当事者団体である全国学童保育連絡協議会の長年の運動と女性の社会進出に伴い共働き家庭が一般化し、国をあげて男女共同参画社会をめざすという社会的要請とが一致したことが大きな要因である。

（2）開設場所の現状

放課後児童健全育成事業は、地域によってその開設場所がきわめて多様である。しかもその一部には、私的に運用され、事業としての補助金をまだ受けていないものもある。そうした事業を含めて、小学校の児童を放課後や休業中に預かる事業は、放課後児童クラブと呼ばれ、2006年（平成18年）現在、全国に1万5,857か所（厚生労働省育成環境課調べ）設置されている。その開設場所をまとめたものが、表4-16である。

表4-16をみてわかるように、2008年現在、開設場所でもっとも多いのは、学校の余裕教室を利用したもので、全体の28.5％にのぼっている。次いで多いのは学校敷地内の専用施設19.8％、児童館・児童センター内14.9％、公的施設利用の9.1％の順である。

この中で学校の余裕教室や他の目的での施設の場所を借用して開設している場合もかなり見られるが、その場合、借用している施設の条件が変わった場合、場所の変更を余儀なくされる可能性があり、しかも十分なスペースが確保できていない場合もあることが推測される。したがって、できる限り専用の施設を確保し、環境条件、運営条件の改善と安定化をはかることが課題である。また、近年、利用児童の急増にともない、都市部を中心に一放課後児童クラブの過密化が問題になってきている。

表4-16　全国の放課後児童クラブ実施場所別クラブ数の状況

(か所)

実施場所	2008年	2007年	増減
学校の余裕教室	5,005 (28.5%)	4,759 (28.5%)	246
学校敷地内専用施設	3,477 (19.8%)	3,047 (18.3%)	430
児童館・児童センター	2,619 (14.9%)	2,595 (15.6%)	24
公的施設利用	1,599 (9.1%)	1,604 (9.6%)	△5
民家・アパート	1,070 (6.1%)	1,060 (6.4%)	10
保育所	967 (5.5%)	1,007 (6.0%)	△40
公有地専用施設	1,072 (6.1%)	988 (5.9%)	84
民有地専用施設	811 (4.6%)	708 (4.2%)	103
幼稚園	369 (2.1%)	397 (2.4%)	△28
団地集会室	131 (0.7%)	116 (0.7%)	15
商店街空き店舗	61 (0.3%)	35 (0.2%)	26
その他	402 (2.3%)	369 (2.2%)	33
計	17,583 (100%)	16,685 (100%)	898

注：(　)内は各年の総数に対する割合である。　　(厚生労働省育成環境課)
出典：厚生労働省平成20年10月16日発表資料
　　　雇用均等・児童家庭局育成環境課　平成20年5月1日現在

（3）放課後児童クラブの発達に困難をかかえた子どもの受け入れ

　放課後児童クラブの発達に困難をかかえた子どもの受け入れは、各自治体の努力により、年々増加してきているが、国も2001年（平成13年）から障害児受け入れ促進試行事業を創設し、障害児を4人以上受け入れているクラブへの加算を行った。そして2003年（平成15年）には事業名称を障害児受入加算に変更し、人数要件を2人以上に緩和した。そして2006年（平成18年）からは、障害児受入推進費と名称変更し人数要件を撤廃した。近年の障害児受入クラブ数及び障害児数等の推移は図4-4の通りで、年々増加の傾向にある。

　今後の課題は、都市部において年々過密化しつつある放課後児童クラブに障害児を受け入れることによる問題である。通常の学級以上に人数が多く、学年によって帰校時間が異なるため子どもの動きが多様になり、見通しの持

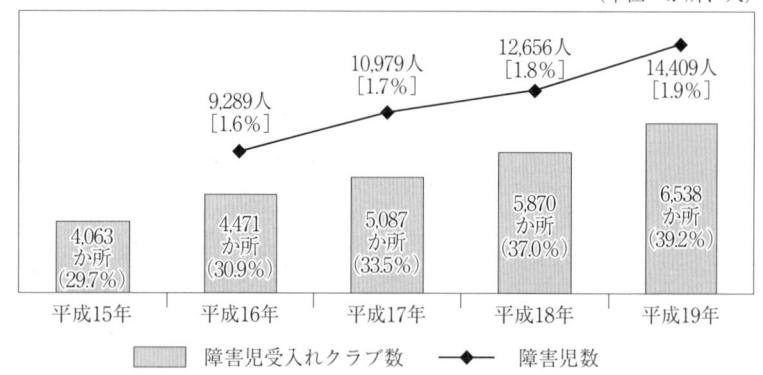

※各年5月1日現在（育成環境課調）
（単位：か所、人）

年度	障害児受入れクラブ数	障害児数
平成15年	4,063か所（29.7%）	
平成16年	4,471か所（30.9%）	9,289人[1.6%]
平成17年	5,087か所（33.5%）	10,979人[1.7%]
平成18年	5,870か所（37.0%）	12,656人[1.8%]
平成19年	6,538か所（39.2%）	14,409人[1.9%]

注：（　）内は、全クラブ数に占める割合、[　]内は全登録児童数に占める割合である。
出典：厚労省　第5回障害児支援の見直しに関する検討会　3・学齢期・青年期の支援策参考資料
　　　平成20年5月30日。http://www.mhlw.go.jp/shingi/2008/05/s0530-10.htm

図4-4　全国放課後児童クラブの障害児受入クラブ数及び障害児数等の推移

ちにくさや騒々しさ、刺激の多様さなどによる環境条件をどのように改善していくか、障害認定を受けていない発達に困難を持つ子どもの増加や健常の子どもの養育環境も含めて検討していく必要があると思われる。

（4）放課後児童クラブ以外での発達に困難をかかえた子どもの受け入れ

放課後児童クラブ以外で、放課後の発達に困難をかかえた子どもを受け入れる事業として障害者自立支援法に基づく、日中一時支援事業、児童デイサービス事業、放課後子ども教室、などがある。その事業概要、対象者、実施主体、予算額、受け入れか所数をまとめたものが表4-17である。

小中学校での障害児の受入は年々進んでいるが、特別支援学校に通う児童生徒の放課後の保障は、ここ数年紆余曲折を経てきた。全国の自治体や放課後対策の関係者の強い要望を受けて2005年度よりモデル事業化していた「障害児タイムケア事業」が、2006年10月から本格実施された障害者自立支援法により、各自治体の独自財源により自治体の任意でサービスを選択する地域

表4-17 障害児が利用できる放課後支援策について

	事業概要	対象者	実施主体（実施場所）	20年度予算額 日額or月額	平成19年度か所数（障害児受入か所数）
日中一時支援事業（障害部）	日中において監護する者がいないため、一時的に見守り等の支援が必要な障害者等の日中における活動の場を確保し、障害者等の家族の就労支援及び障害者等を日常的に介護している家族の一時的休息を図る。	障害児（者）	市町村（特段の定めなし）	地域生活支援事業（400億円）の内数（補助金）自治体毎の判断	1,527市町村で実施
放課後児童クラブ（雇児局）	共働き家族など留守家族のおおむね10歳未満の児童に対して、児童館や学校の余裕教室、公民館などで、放課後に適切な遊び、生活の場を与えて、その健全育成を図る。	留守家族のおおむね10歳未満の児童	市町村（小学校の余裕教室、児童館等）	187億円（補助金）1クラブ当たり月額20万円 ※児童数36〜70人の場合	16,685か所（6,538か所）※H19.5.1現在
放課後子ども教室推進事業（文科省）	放課後や週末等にすべての子どもを対象として、安全・安心な子どもの活動拠点（居場所）を設け、さまざまな体験活動や交流活動等の取組みを推進する。	主に小学生	市町村（小学校の余裕教室等）	78億円（補助金）自治体毎の判断	6,267か所*（－）*見込みを含む
（参考）児童デイサービス事業（障害部）	日常生活における基本的動作の指導、集団生活への適応訓練を行う。	就学前児童を原則	市町村（特段の定めなし）	介護給付費（日中活動・居住サービス）（3,740億円）の内数（負担金）1人日額2,830円 *11〜20人の定員の場合	1,092か所 ※H18.10.1現在

出典：厚生労働省 第5回障害児支援の見直しに関する検討会 3.学齢期・青年期の支援策 参考資料 平成20年5月30日（厚生労働省育成環境課）

生活支援事業のなかの日中一時支援事業に位置づけられたのである。障害児タイムケア事業としてモデル事業化されたときは、障害をかかえた中高生のはじめての放課後保障事業として、障害児の放課後保障を要望する関係者から高い期待をもって受け入れられていた矢先のことであった。

また、障害者自立支援法施行までは、障害児の療育を目的とする児童デイサービス事業に位置づけて障害児童生徒の放課後保障を行っていたところも多かったが、障害者自立支援法では、児童デイサービス事業を就学前の療育の事業が基本であると位置づけ、乳幼児を7割以上受け入れる児童デイサービスⅠ型と学齢児を3割以上受け入れる児童デイサービスⅡ型に分け、児童デイサービスⅡ型は、日中一時支援に移行する経過措置と捉え、報酬単価をⅠ型に比べ大きく引き下げたのである。

こうして日中一時支援事業を利用した障害児の放課後対策を行う事業所が少しずつ増加しているが、①自治体の任意でサービスを選択する地域生活支援事業の中に位置づいているため、地域格差が非常に大きい、②成人期の障害者の事業と同一の預かり事業として位置づけられているため、体の大きい障害者との混合利用で年齢が若く体の小さい障害児が利用しにくい場合がある、③一時預かりとしての機能のみで障害児の療育的観点や発達を保障する児童特有の専門性の位置づけが成立しにくい、などの課題がある。

表4-17には、放課後子ども教室での障害児の受け入れの推進が位置づけられているが、放課後子ども教室は、地域のボランティアを活用した不特定多数の児童を対象とした多様な取り組みであり、毎日の生活を支援する場とはなりにくい現状がある。

政権交代がおこり、障害者自立支援法が見直されることになった現在、障害児を含む発達に困難をかかえた子どもの放課後保障のしくみは、原点に立ち戻り、独自の施策として再構築される必要があるだろう。

参考文献

平沼博将・高橋実　2004「障害児の就学に関する意思決定過程（1）——保護者が考慮する要因の検討——」『福山市立女子短期大学紀要第30号』pp.85-92。
神田由美・三隅輝見子・佐野裕美・小海武司　2002「発達障害児の親支援——

就学をめぐって──（２）」『日本発達心理学会　第13回発表論文集』p.384。
小橋康章　1988『認知科学選書18　決定を支援する』東京大学出版会。
三隅輝見子・神田由美・佐野裕美・小海武司　2002「発達障害児の親支援──
　　就学をめぐって──（１）」『日本発達心理学会　第13回発表論文集』p.383。
水田和江・井村圭壮編著　2002『第三版　児童福祉を学ぶⅦ　児童をめぐるネッ
　　トワークと児童福祉』pp.112-118。
日本特別ニーズ教育学会編　荒川智・高橋智編集代表　2007『テキスト特別ニー
　　ズ教育』ミネルヴァ書房。
津守真・稲毛教子　1995『乳幼児精神発達診断法　０才～３才まで」[増補版]』
　　大日本図書。
津守真・磯部景子　1965『乳幼児精神発達診断法　３才～７才まで』大日本図書。
渡部昭男　1995『障害児の就学・進学ガイドブック』青木書店。
全国特殊学級設置学校長協会編　2005『特別支援教育のすすめ方──子どもの
　　個性輝く学校・園づくり──』日本文教出版。

第5章　青年・成人期における発達の課題と地域生活支援

1. 重度の知的障害を伴う青年・成人期自閉症者の自己認知と社会的行動の研究

(1) 自閉症の社会的行動に関する研究動向と青年・成人期の自閉症児者の自己の育ちの課題

　自閉症児の認知障害に対する研究にかわって、1980年代に入り自閉症児の社会的障害に対する新しい接近が試行されるようになってきた。それは、「①自閉症児の社会的行動をよく調べていくと、認知障害からだけでは説明できない部分が多く、②社会・情緒的手がかりを処理するときによりはっきりその障害が現れること、③年長になり認知障害がかなり改善されても、自閉症児の社会的障害は深刻なままであること、などがわかって来たため」(野村・伊藤・伊藤　1992)である。

　Wetherbyら(1984)は、前言語的、言語発生初期の発達段階で6～11歳の自閉症児におけるコミュニケーションと社会的認知能力を同じ発達段階にある健常児と比較した。その結果、一定時間内の伝達的行為の数には有意な差が見られなかった。しかし、自閉症児は、物や行為の要求や拒絶が多く、承認を求めたり、物を見せたり、命名したりする行為がなかったのに対し、健常児では絶叫、反抗、注意の集中しない行為は発達段階がすすむにつれて減少し、許しや情報を求める行為や、自己調整の機能が増加したことを報告している。

　同様に、Mundy & Sigman (1994)は、3歳から6歳までの自閉症児と、これと同等の発達水準にある精神遅滞児および健常児を比較して、非言語的な参加、・指示、要求行動の発達の様子を見た結果、自閉症児は、社会的参加や要求行動に関しては欠陥もあるがいいところもあることがわかった。対照的に、指示行動(見せる、指さし、視線を交互に振って動くおもちゃと実験

者を見る参照視(referential looking)になると欠点のみが目立ち、特にこの指示行動・参照視1つで自閉症児の94.4％を正確に分類できたことを報告している。

また、Wingら（1979）は、自閉症児の対人相互関係の障害を〈孤立〉型、〈受動〉型、〈積極的だが奇異〉型の3つのタイプに分類した。

そして、7歳以下の自閉症は約半数が孤立タイプで〈受動〉型と〈積極的だが奇異〉型とで残りを二分したと報告している。そして、その後の追跡調査により、かなりの子どもが発達に伴って〈孤立〉型から〈受動〉型へ、〈受動〉型から〈積極的だが奇異〉型へ移行することが見いだされた（Lord, C. 1984）。この結果は、自閉症児が、特有の障害を残しながらも、発達に伴ってその対人的行動の質を変化させていくことを裏づけている。

Mundy & Sigmanは、対人的相互作用と関係があると思われる自閉症児の自己認知に関する研究を概観し、「自己と非自己の区別のできなさが自閉症の基本的な特徴であることが指摘されてきたが、近年の鏡映的自己認知の研究では、視覚的自己認知には問題がないが、鏡の姿に対する感情的な反応は普通の子どもとは異なる」ことを指摘している。

Hobson（1994）は、自閉症児の他者の経験を理解する仕方を見るために、何か理解できて何か理解できないかを詳細に調べる最近の実験の結果から、「自閉症児は、意図的で感情の絡んだ出来事の理解は、不得手であるが、同じく人を含んだ出来事でもその他の側面なら対照的に結構理解が出来る」と指摘し、「自閉症児は身体接触を通じて情緒豊かに人と接することがむずかしい。このような人間関係が人についての知識を育てる土台となるから、その経験の乏しさが他者を行為者として認知することの困難さにつながり、その結果『その人』に働きかけるのではなく、部分的に『その人の手に』反応する〈クレーン現象〉といった奇妙な現象に出易い」のではないかと述べている。

これらの研究を総合して考えると、自閉症児は、①要求－拒否行動などの社会的行動は比較的早く獲得するが、他者に自分の関心事を示して共感関係を結ぶような情緒的な対人関係を発達させることが健常児に比べて特に困難であること、②そうした情緒的関係の経験不足が、自分とは独立した心理

的状態を有した〈主体としての他者〉の認識の発達を困難にし、さらにそうした認識が土台となる〈主体としての自己〉の発達を相対的に遅らせている、と考えられる。

　稲増ら（窪島・三科・森下　1993）によれば、青年期に達した自閉症児が呈しやすい問題として、①小学部時代の多動傾向はおさまるものの、指示されるまで行動がおこせない、活動的でなくなる傾向、②「青年期パニック」といわれる自傷行為や他傷行為、こだわり行為の強まり、てんかん発作の出現、③性や異性への興味・関心の強まりが、対人関係の弱さが原因して直接的な行動になってしまうためのトラブル、④発達検査で９〜10歳以上のレベルに達する比較的発達段階の高い自閉性障害児についても、その力が主体的に仲間や学校・地域での生活をゆたかにしていくことにつながりにくく、不登校や不安神経症などの問題につながる、などを指摘している。

　杉山（1991）は、青年期の自閉症者の臨床経験から、青年期に現れるパニックなどのトラブルを「自我の芽生え型パニック」と「青年期退行群」とに分類している。「青年期に至って、発達が見られ、決定的に自我の芽生えが生じる。しかし、自閉症の青年にとって、ピアジェのいう脱中心化、つまり自分が世界の中心からはずれるという青年期課題は、いうまでもなく困難であり、単に反抗的になる形をとりやすい。杉山は、これを脱ロボット化と呼び、自閉症児が「自我の芽生えの後押しにより、いままでしたくても我慢していた、例えば無賃乗車で博多まで行ってしまう、道路の真ん中でとうせんぼうして車をとめる、夜間に家を抜け出し散歩を楽しむなどの行為が頻発する」ことを報告している。こうした現象を杉山は、①自閉症児のコミュニケーションや知的能力の発達にともない彼らの世界が広がること、②中学生になり、仕事という課題が急激に浮上することによる周囲の期待の変化、③青年期のホルモン活動の増加による身体の急激な成長に伴う内側からの変化に伴う不安に対する防衛としてのこだわり行為、などの要因で説明している。

　さらに原因不明の急激な退行をしめす「青年期退行群」の存在を示唆している。このグループの退行の病態は、はっきりしないとしながらも、「片親の病気などの家庭の危機、非治療的収容などの誤った処遇、信頼していた教師がいなくなったなどの対人関係の混乱など、患児に不利な様々な状況がい

くつも重なり合っていることが多い」ことを示唆している。

　筆者も知的障害者の通所施設・更生相談所で青年・成人期自閉症児者の相談・援助の仕事に携わるなかで、数の理解、機械的計算や文字の読み書きの力等において、かなりの認知能力を身につけているにもかかわらず、集団のなかでの関係づくりが苦手で、自傷・他傷行為、こだわり行為などが問題となっている自閉症児者と出会ってきた。

　これらのケースの発達検査や知能検査の結果と実際の生活場面とを見て経験的に感じる点は、①実際の生活場面での自閉症児者の行動上の問題は、社会的ルールを逸脱したこだわり行為や集団内での他者との協調の困難に対する他者からの制止や注意などによる指導や対応との関係のなかで深刻になっている場合が多い、②こだわり行為を発達的に検討してみると、それぞれの発達段階において子どもが一過的に行う行為が固着しているものが多く、発達的理解が可能であり、行為自体は、必ずしも自閉症特有ではないこと、③こだわり行為への執着の強さや切り替えの困難さは、自閉症特有であるが、その執着の度合いは、周囲の他者の対応との関係でかなり変化し得ること、④青年期、成人期になると他者とかかわる力を彼ら（彼女ら）なりのスタイルで身につけて来ており、そこを良くみていく必要があること、⑤他者とかかわる力の目安は、トータルな発達年齢よりも、大小、長短概念の理解のような抽象概念の理解や了解課題などの文脈を理解して判断する課題のような自閉症児者が最も苦手とする課題の段階との関連が高い、⑥重度の知的発達障害を有する自閉症児者で、行動上の問題が深刻なケースには、⑤の領域の発達が他の領域に比べて相対的に重い場合が多い、などの点である。

　杉山も指摘しているように、青年・成人期に達した自閉症児者は、彼らなりの自我が芽生えてきている。しかし、他の認知能力の発達に比べて相対的に未熟であり、自己の欲求を社会や集団との関係の中でコントロールすることが困難であるとともに、社会的ルールの理解自体が未発達である。しかし、青年・成人期になると仕事や自立的生活に対する周囲の期待はいっそう高まっていく。青年・成人期の自閉症児者と接してみると、一見集団から孤立した行動をとっているようでも、他者からの指示や注意に対しては、極めて敏感である。

自我の芽生えに伴う自己主張の高まりと、周囲の期待との軋蝶をコントロールする自我の未成熟さといった、健常の青年にみられるこころの問題と同様の心理機制が「青年期パニック」といった行動上の問題がおこる過程で機能しているのではないかと考えられる。

また、稲増ら（窪島・三科・森下　1993）は、高等部卒業までにつけたい力として期待されているのは、「職業訓練的な指導ではなく、周囲の人たちと交流し人間関係を切り結んでいく力、自分から要求がもて余暇も含めて主体的に楽しみつつ、仕事に取り組める力」であると指摘している。

このような青年期・成人期の社会生活の場で求められる主体性は、健常者と同様〈主体としての自己〉の発達によって実現していくものであろうと思われる。自閉症児も相対的に未発達ながらも、青年期に自我が芽生え、成人期にかけて自我を成熟させていくものと考えられる。彼らの自我を成熟させ、主体的行動をひきだそうとするとき、認知的発達とは相対的に遅れていると思われる〈自我・自己〉の発達段階を把握した上で教育・指導することが大切であろうと考える。

しかし、〈自我・自己〉を考察するとき、必ず問題になるのは、〈自我・自己〉概念をどのように規定するかである。麻生（1985）は、生後3年までの子どもの自己意識の成長について論じる中で、「乳児期の自我発達を自他の未分化な状態からより分化した状態への変化ととらえるより、やりとり関係の中で自他の共同性と同時に自他の個別性が成立していく過程としてとらえる方が妥当であるように思われる」と指摘している。そして、これまでの〈自己〉についての研究が心理・社会的観点を重視する立場と認知を重視する立場とにわかれていると論じるとともに、「研究者が共通のテーマとして論議を深めていくためには、〈自己〉そのものが問題となる乳児と他者との関係性そのものを一つひとつ具体的に論じていく必要がある」と指摘している。

日常の生活・指導場面で問題となる〈自我・自己〉も、まさに集団や他者との間で展開される関係性の問題であり、〈自我・自己〉を静的なものとしてとらえるより、やりとり関係の質としてとらえることが妥当であろうと考える。

（2）青年成人期の自閉症者の自己の発達と社会的行動に関する調査

　高橋（1996）は、養護学校高等部や作業所等で教育・指導の困難さが問題になってきている発達障害の重い自閉症児者を対象にし、認知発達と集団や家庭内でのやりとり関係のなかでみられる社会的行動の質を検討した。そして、それをダウン症児者と比較することにより、青年・成人期自閉症児者の〈自我・自己〉の発達的特徴を明らかにし、自閉症児者が主体的に行動できるための〈自我・自己〉の発達を促す指導・援助の方法を考察した。

　対象は、S養護学校高等部、S障害者作業所に在籍する重度判定の療育手帳を有する自閉症者37名（生活年齢15歳～30歳、平均年齢20.8歳、男性25人　女性12人）であった。対照群としてS養護学校高等部、S障害者作業所に在籍するダウン症候群であって、重度判定の療育手帳を有する14名（生活年齢17歳～28歳、平均年齢21.6歳　男性8人、女性6人）を調査した。

　自閉症との判断は、現時点の生活場面でDSMⅢ-Rの①対人的相互交渉の質的障害、②言語・非言語コミュニケーション、および想像的活動の質的障害、③活動や興味の範囲の限局性を有することが認められ、かつ新版K式発達検査で、他の認知的側面の発達に比較して、大小・長短概念や了解課題などの課題の遂行に特別な困難を有した人とした。本来の診断は、3歳以前の行動特徴の診断が必要であるが、自閉症の原因論、診断基準の変遷の歴史にともなって人生を歩んできた青年・成人期の自閉症児者は、就学前に明確な医学的診断を受けている人が少ないという事情がある。また、青年・成人期になると、対人的相互交渉やコミュニケーションの質は、かなり改善されてきている人も多く、発達検査のプロフィール特徴を合わせて考慮して判断することとした。

　調査方法は、ⅠからⅢの三段階に分けて実施した。

Ⅰ．生活・指導場面でみられる他者とのやりとり関係、社会的行動を通して見られる〈自我・自己〉の特徴を、質問紙によるアンケートで調査する。
　やりとり関係や社会的行動のカテゴリーには、さまざまなものがあると思われるが、ここでは、①自発的に日常行っているお手伝いや他者の世話などの社会的に役に立つ行動、②日頃みられる要求の内容、要求の仕方、③自己

主張の方法、仕方、④他者とのやりとり関係の4つのカテゴリーに分けて、対象者と日常かかわっている教員、指導員及び家族に自由記述法による記述を求めた。具体的な質問は、次のようなものであった。

1　役割・援助行動について
　生活・作業場面で見られるお手伝いや兄弟や友だちへの世話など、本人が自発的あるいは、頼んだとき積極的に行っている役割や援助行動を具体的にお知らせください。
　十分役に立っていない場合でもやろうという意欲のみられる行動もご記入ください。
2　日頃みられる要求の内容、要求の仕方、自己主張の方法・仕方、仲間への関わり方について具体的にお知らせください。
　(1)　「ほしいもの」「してほしいこと」「したいこと」などの要求があったとき、どのようにして訴えますか。また、どんな要求が多いですか。具体的にお知らせ下さい。
　(2)　「自分で〜したい」「どうしてもこうしたい」あるいは、「絶対に〜したくない」という自己主張は、どのような場面で、どのようにして訴えますか。具体的にお知らせ下さい。
　(3)　ご兄弟や友だちに対してどのように、かかわることが多いですか。具体的にお知らせください。

Ⅱ．〈対象としての自己〉の認知の段階を見る検査
　個別面接は次のような手続きで実施し、〈対象としての自己〉を対象者がどのように把握しているかを調査した。
　①呼名に対する反応：正面に向かい合って、本人の名前、見知らぬ同性の他者、身近な他者の名前を呼び反応を見る。
　②自己の目鼻口耳、検査者の目鼻口耳を尋ねる。
　③本人に「〜さんってどの人？」と尋ね、反応を見る。
　④鏡を見せて本人を映し「ここに映っているのは誰？」と尋ねる。
　⑤鏡を本人の方に向かって持たせ、「鏡を回してこっちに向けてみて？」

と要求する。向けられない場合は介助して向けさせる。さらに「今、鏡に誰が映ってる？」と尋ねる。

Ⅲ．発達年齢の測定
新版K式発達検査を用いて、対象者の発達年齢を測定した。

（3）調査の結果と青年成人期自閉症者への生活支援の課題
〈対象としての自己〉の認知の段階を対象者の検査結果から、次の4つの段階に分類した。

段階Ⅰ：呼名に対する反応があり、自分の名前と応答の関係は成立しているが、自己の顔の各部位と言語表象との同定が未確立の段階

段階Ⅱ：自己の顔の各部位と言語表象との同定は確立しているが、他者の顔の各部位の同定との区別が困難で、自分の名前と鏡に映った自己像や自分自身とを同定できず、〈対象としての自己〉の認知が確立していない段階

段階Ⅲ：〈対象としての自己〉の認知が確立している（鏡の自己像を見て自分の名前を指摘できるか、「〜さんってどの人？」と尋ねられ自分を指させた人」が、反対に向けた鏡に相手が映っていることを指摘できず、自己像と他者像とを相対的なものとして区別できていない段階

段階Ⅳ：他者の名前を呼ばれたとき、否定ないしは自分の名前を呼ばれたときとは異なる反応ができ、反対に向けた鏡に相手が映っていることも指摘でき、自己と他者とを第3者の視点で対象化できている段階

自閉症群、ダウン症群それぞれの、段階ごとの対象者数、発達月齢、平均年齢を表5-1〜表5-2にまとめた。

また、自閉症群、ダウン症群それぞれの段階ごとのやりとり関係、社会的行動の具体的内容、対象者数、各段階の中での比率を表5-3〜表5-10にまとめた。なお、やりとり関係、社会的行動のカテゴリーは、要求行動・表現、拒否行動・表現、自発的な他者とのかかわり、手伝い行動の4つに分類した。

第5章 青年・成人期における発達の課題と地域生活支援 127

表5-1 自閉症群〈対象としての自己〉の認知の段階と発達年齢・生活年齢

段階	〈対象としての自己〉の認知	対象者数(%)	発達月齢	平均年齢
Ⅰ	呼名に対する何らかの応答 ＋ 自分の身体各部の同定　　－	11 (29.7%)	C－A平均　24.0M 　範囲　16.0M-30.0M L－S平均　13.2M 　範囲　11.0M-16.0M	20.3
Ⅱ	呼名に対する何らかの応答 ＋ 自分の身体各部の同定　　＋ 「～さんってどの人？」と聞かれて自分と同定できる　－ 鏡像の自分を同定できる　－	10 (27.0%)	C－A平均　40.5M 　範囲　21.0M-60.0M L－S平均　25.8M 　範囲　21.0M-30.0M	20.0
Ⅲ	自分の身体各部の同定　　＋ 「～さんってどの人？」と聞かれて自分と同定できる　＋ 鏡像の自分を同定できる　＋ 対面の他者の鏡像の同定　－	9 (24.3%)	C－A平均　42.6M 　範囲　25.0M-76.0M L－S平均　33.1M 　範囲　16.0M-63.0M	22.1
Ⅳ	「～さんってどの人？」と聞かれて自分と同定できる　＋ 鏡像の自分を同定できる　＋ 対面の他者の鏡像の同定　＋	7 (18.9%)	C－A平均　57.9M 　範囲　34.0M-93.0M L－S平均　41.1M 　範囲　29.0M-59.0M	20.9

＊　発達年齢のC－A、L－Aは、それぞれ新版K式発達検査の認知・適応領域と言語・社会領域。
出典：高橋実　1996「青年期自閉症者の自己認知と社会的行動」『人間発達研究所紀要第10号』

　発達段階の評価は、田中昌人らの「可逆操作の高次化における階層―段階理論」に基づいて行った（図1-2）。
　表5-1に見られるように、自閉症群の段階Ⅰは、37人中11人（29.7％）と全体の約3割を占めていた。発達年齢は、認知・適応領域（C－A）においては、16か月から30か月（平均24か月）で、一次元形成期から一次元可逆操作期の段階にあったが、言語・社会領域（L－S）で全員が11か月から16か月で一次元形成期の段階（平均13.2か月）にあった。
　表5-2にみられるように要求行動・表現では、人の手をとりやらせようとする行動が63.6％（7人）を占めていたが、目を見て手を出す行為や物を差し出して要求する人（4人、36.4％）も見られた。拒否行動・表現では、指

表5-2　ダウン症群の〈対象としての自己〉の認知の段階と発達年齢・生活年齢

段階	〈対象としての自己〉の認知	対象者数(%)	発達月齢	平均年齢
Ⅰ	呼名に対する何らかの応答　＋ 自分の身体各部の同定　　　－	1 (7.1%)	C－A　　16.0M L－S　　11.0M	26.0
Ⅱ	呼名に対する何らかの応答　＋ 自分の身体各部の同定　　　＋ 「～さんってどの人？」と聞かれて自分と同定できる　－ 鏡像の自分を同定できる　　－	1 (7.1%)	C－A　　22.0M L－S　　21.0M	20.0
Ⅲ	自分の身体各部の同定　　　＋ 「～さんってどの人？」と聞かれて自分と同定できる　＋ 鏡像の自分を同定できる　　＋ 対面の他者の鏡像の同定　　－	4 (28.6%)	C－A平均　44.8M 　範囲　26.0M-60.0M L－S平均　32.5M 　範囲　20.0M-47.0M	20.0
Ⅳ	「～さんってどの人？」と聞かれて自分と同定できる　＋ 鏡像の自分を同定できる　　＋ 対面の他者の鏡像の同定　　＋	8 (57.1%)	C－A平均　55.5M 　範囲　29.0M-68.0M L－S平均　46.8M 　範囲　35.0M-54.0M	21.6

＊　発達年齢のC－A、L－Aは、それぞれ新版K式発達検査の認知・適応領域と言語・社会領域
出典：高橋実 1996「青年期自閉症者の自己認知と社会的行動」『人間発達研究所紀要第10号』

示通りやらせようとするとパニックになったり、自傷が8人（72.7％）の対象者に見られ、座り込んで動かない人が4人（36.4％）あった。また、自発的な他者とのかかわりにおいては、教師や指導員を押したり叩いたり（3人、27.3％）、手を差し出す（2人、18.2％）などのかかわりが見られ、手伝い行動では、指示で物を取ってきたり（4人、36.4％）、一定の場所に運んだりする（4人、3.4％）行動が見られた。

　表5-2に見られるように、ダウン症群では、段階Ⅰの人は、14人中1人（7.1％）のみで、発達年齢は、C－A領域が16か月、L－S領域が11か月でどちらの領域でも1歳半以前の一次元形成期の段階であった。要求行動においては、自閉症群と同様、人の手をとって要求する行為をやらせようとする行動が見られた。拒否行動・表現においても、座り込んで動かなかったり、

表5-3 段階Ⅰの自閉症群の社会的行動

要求行動・表現	人の手を取り、やらせようとする。	7(63.6%)
	目を見て訴え、手を出す。	4(36.4%)
	直接物を差しだして要求する。	3(27.3%)
	特定のサインで要求を知らせる。	2(18.2%)
	声を出して、要求対象を見る。	1(9.1%)
	顔を近づけてくる。	1(9.1%)
拒否行動・表現	指示通りやらせようとするとパニック・自傷する。	8(72.7%)
	座り込んだりして動かない。	4(36.4%)
	手を振り切って逃げる。	2(18.2%)
自発的な他者とのかかわり	教師・指導員を押したり叩いたりする。	3(27.3%)
	笑顔で近づき、手を出す。	2(18.2%)
	スキンシップを求める。	1(9.1%)
	顔を近づけ単語を言う。	1(9.1%)
	移動時に友人と手をつなぐ。	1(9.1%)
	足を踏みならして、注意をひく。	1(9.1%)
手伝い行動	「〜取ってきて」の指示に従う。	4(36.4%)
	決まった物を特定の場所に運ぶ。	4(36.4%)
	特になし。	3(27.3%)
	指示によって物を運ぶ。	2(18.2%)
	指示でスイッチをつけたり消したりする。	2(18.2%)
	指示で布団を敷く。洗濯物をたたむ。雑巾がけ。	各1(9.1%)

＊ 結果の数はアンケートで記入された人数(段階内の％)以下の表も同様。
出典：高橋実1996「青年期自閉症者の自己認知と社会的行動」『人間発達研究所紀要第10号』

強く指示すると自傷行為を行う点では、共通していた。他者とのかかわり、手伝い行動においても、教師や指導員にスキンシップを求める行動や、決まった物を運ぶという行動が共通していた。

段階Ⅱの人は、自閉症群（表5-1）では、発達年齢が、C－A領域が、21か月から60か月で一次元可逆操作期から二次元可逆操作期の段階、L－S領域は21か月から30か月の一次元可逆操作期から二次元形成期の段階、に達していた。

表5-5にみられるように、要求行動・表現において5人（50.0％）がほしい物を単語で要求しているものの、4人（40.0％）が自分で行動するので要

表5-4 段階Ⅰのダウン症者の社会的行動

要求行動・表現	人の手を取り、やらせようとする。	1（100%）
	手をひいて、要求場面へ誘導する。	1（100%）
拒否行動・表現	座り込んだりして動かない。	1（100%）
	自分の手をかむ自傷行為を行う。	1（100%）
自発的な他者とのかかわり	気に入った援助者の腕をとり、ひっぱり座らせてスキンシップを求める。	1（100%）
	指示で移動時に友人と手をつなぐ。	1（100%）
	興味をもった人の顔をのぞき込む。	1（100%）
手伝い行動	カンやかごに入れたものを、運んで別の容器に入れる。	1（100%）
	きまった物を特定の場所まで運ぶ。	1（100%）

出典：高橋実　1996「青年期自閉症者の自己認知と社会的行動」『人間発達研究所紀要第10号』

表5-5 段階Ⅱの自閉症群の社会的行動

要求行動・表現	欲しいもの（事）を単語で要求する。	5（50.0%）
	要求する場面が見あたらない。	4（40.0%）
	人の手を取り、やらせようとする。	2（20.0%）
	指さして要求する。	2（20.0%）
	物を持ってきて要求する。	2（20.0%）
	主客倒置の「オームがえし」の言葉で要求する。	1（10.0%）
拒否行動・表現	身体を固くして拒否する。	3（30.0%）
	意思が通じないと自傷する。	2（20.0%）
	「アー」と声をだす。泣く。	2（20.0%）
	「いや」と言葉で訴える。	1（10.0%）
	他者を叩いて拒否する。	1（10.0%）
自発的な他者とのかかわり	手で触れてくる。	4（40.0%）
	スキンシップ的関わりを求める。	2（20.0%）
	受動的にかかわりに応じる。	2（20.0%）
	顔をのぞき込む。名前を呼ぶ。指示で手をつなぐ。	各1（10.0%）
手伝い行動	食卓に食事を運ぶ。片付ける。	4（40.0%）
	机等を布巾でふく。（一部介助）	3（30.0%）
	毎日新聞を取ってくる。	3（30.0%）
	容器へ汁物などを入れ分ける。コップ洗い。	1（10.0%）

出典：高橋実　1996「青年期自閉症者の自己認知と社会的行動」『人間発達研究所紀要第10号』

表5-6　段階Ⅱのダウン症者の社会的行動

要求行動・表現	援助者の手をひいて「うさぎ」という。	1(100%)
	指さして「うさぎ」という。	1(100%)
拒否行動・表現	座り込んで動かない。	1(100%)
自発的な他者とのかかわり	援助者の手をひいたり、指さしして要求する。	1(100%)
	仲間に受動的に手をつなぎ、移動する。	1(100%)
	自ら仲間にかかわることは、ほとんどない。	1(100%)
手伝い行動	新聞等きまったものを指示により持ってくる。	1(100%)
	買い物時にお金を支払って、おつりをもらう。	1(100%)

出典：高橋実　1996「青年期自閉症者の自己認知と社会的行動」『人間発達研究所紀要第10号』

求する場面がほとんどないと見られていた。また、2人（20.0％）の人に人の手をとりやらせようとする行動が観察された反面、同率で指さして要求する人も見られた。拒否行動・表現においては、意思が通じないときの自傷行為が2人（20.0％）に見られ、身体を固くして拒否する人が3人（30.0％）でもっとも多かった。他者とのかかわりにおいては、手で触れたり、スキンシップを求めたりといった積極的な身体接触を求める人が多かった。手伝い行動においては、食事を運ぶ、机を布巾で拭いたり、新聞を毎日持ってくるなどの簡単な決まった役割を果たすことが可能になってきている。

　一方、ダウン症群（表5-2）においては、段階Ⅱの人は、14人中1人（7.1％）のみであった。発達年齢は、C－A領域が22か月、L－S領域が21か月でどちらも一次元可逆操作の段階であった。

　表5-6にみられるように、要求行動・表現では、指さしはでるものの、自閉症群のように要求物や行為を単語で表出することは困難であった。拒否行動・表現では、言葉ではなく、身体をかたくして動かないことでしか表現できない点は共通していた。他者とのかかわり、手伝い行動についても、受動的で、自らかかわろうとすることが少ない点、指示された物を持ってくるという点が共通していた。

　段階Ⅲの人は、自閉症群（表5-1）は、発達年齢では、C－A領域では、25か月から76か月で、一次元可逆操作期から三次元形成期の段階、L－S領

表5-7　段階Ⅲの自閉症群の社会的行動

要求行動・表現	欲しいもの（事）を単語で要求する。	3(33.3%)
	「〜するの」「〜しようね」などの2語文で要求を表現するが、主客の転倒がみられる。	3(33.3%)
	自分で行動し、ほとんど要求しない。	2(22.2%)
	手をとって連れていく。	2(22.2%)
	文字で書く。身振りで示す。手を出して発声。	各1(11.1%)
拒否行動・表現	「いや」「あかん」などの言葉で表現する。	4(44.4%)
	自傷行為を行うとともに相手を見て抗議の意思を表す。	4(44.4%)
	他者に危害を加える。物を投げる。	3(33.3%)
	身体を固くして動かない。	2(22.2%)
	「作業所休み」などと2語文で表現する。	1(11.1%)
自発的な他者とのかかわり	援助者の身体にさわりにくる。	3(33.3%)
	いたずらをして反応を楽しむ。	2(22.2%)
	特定の人への同一保持的行為の要求。	2(22.2%)
	名前を呼ぶ。「はっけよい」などと言って特定のミーティングできまった声かけをする。	2(22.2%)
	かかわりを求める。指示で仲間を連れて行く。	各1(11.1%)
手伝い行動	指示されたものを持ってくる。運ぶ。片付ける。	6(66.7%)
	みんなにお茶を入れたり、物を配る。	3(33.3%)
	ごみを捨ててくる。	3(33.3%)
	指示でスイッチや鍵などを操作する。	3(33.3%)
	テーブルを拭く。食器を揃える。車椅子を推す。仲間と手をつないで歩く。	各1(11.1%)

出典：高橋実　1996「青年期自閉症者の自己認知と社会的行動」『人間発達研究所紀要第10号』

域が16か月から63か月で、一次元形成期から二次元可逆操作期の段階にあり、発達段階の差が大きかった。

表5-7にみられるように要求行動・表現では、単語で要求する人（3人、33.3％）と「〜するの」「〜しようね」と2語文を用いた要求表現ができるものの主客の転倒が見られる人（3人、33.3％）とが同率であったが、ほとんど要求しない人（2人、22.2％）や手をとって連れていく人（2人、22.2％）も見られた。拒否行動・表現においては、「いや」など言葉で拒否する人が4人（44.4％）になったが、自傷行為や他傷行為、身体を固くする

第5章　青年・成人期における発達の課題と地域生活支援　133

表5-8　段階Ⅲのダウン症群の社会的行動

要求行動・表現	「〜頂戴」「〜する」と自分を主体にした二語文で要求する。	3（75.0%）
	してほしいものを持って来て渡す。示す。	2（50.0%）
拒否行動・表現	「いや」「したくない」「おわり」等の拒否表現をする。	3（75.0%）
	声を出しながらいやな顔をする。	1（25.0%）
自発的な他者とのかかわり	手をつないだり、車椅子を押したりして仲間を誘導する。	4（100.0%）
	他の仲間がまちがえたりすると注意する。	2（50.0%）
	仲間に自分から握手しようとする。	1（25.0%）
手伝い行動	夕刊、連絡帳など決まった物を毎日定期的に運ぶ。	4（100.0%）
	車椅子の仲間を援助する。	3（75.0%）
	ミーティングでの決まった声掛け、簡単な役割を行う。	2（50.0%）
	洗濯ものをたたんでしまう。	1（25.0%）

出典：高橋実　1996「青年期自閉症者の自己認知と社会的行動」『人間発達研究所紀要第10号』

行為で抗議するといった行動も4人（44.4％）に見られた。他者とのかかわりは、教師や指導員に触りにくる人が3人（33.3％）と最も多かったが、いたずらをして反応を楽しんだり（2人、22.2％）、特定の人に同一保持的行為を要求したり（2人、22.2％）、名前を呼んだり（1人、11.1％）と他者の行為や存在を意識したかかわりが見られるようになった。

　ダウン症群（表5-2）では、4人（2.5％）の人がこの段階Ⅲにあった。発達年齢では、C-A領域では、20か月から47か月、L-S領域で26か月から60か月で、どちらも一次元可逆操作期から二次元可逆操作期の段階にあった。

　表5-8にみられるように、要求行動・表現においては、3人（75.0％）の人が「〜する」というように自分を主体にして要求を表現でき、ほしい物を持って来て示す人が2人（50.0％）あった。また、拒否行動・表現においても言葉で表現できる人が、3人（75.0％）あった。他者との関わりにおいては、4人（100.0％）が、積極的に仲間の援助をし、仲間のまちがいを指摘する人も2人（50.0％）いた。手伝い行動においては、定期的に物を運ぶ行動が4人（100.0％）にあり、こうした傾向は自閉症群と共通していたが、仲間の援助（3人、75.0％）やミーティングでの決まった声かけ、簡単な役割を行う（2人、50.0％）などは、自閉症群には見られない行動であった。

表5-9　段階Ⅳの自閉症群の社会的行動

要求行動・表現	「〜する」「〜行く」と文法的に正しいセンテンスで要求表現をする。	7(100%)
	要求と関連あることを繰り返し聞く。	2(28.6%)
	単語で要求する。絵に描いて表現する。	各1(14.3%)
拒否行動・表現	「いや」など言葉で表現する。	3(42.9%)
	自傷行為を行うとともに相手を見て抗議の意思を表す。	2(28.6%)
	他者に危害を加える。物を投げる。	2(28.6%)
	大声で遮る。CMソングを大声で歌う。	2(28.6%)
	同一性保持への固執	1(14.3%)
自発的な他者とのかかわり	いたずらをして反応を楽しむ。	2(28.6%)
	肩を叩いたり、スキンシップでかかわろうとする。	2(28.6%)
	積極的なかかわりがみられない。	2(28.6%)
	気を引くために名前を繰り返し呼ぶ。握手を求める。「お帰り」と言う。人に応じた特定の行為を求める。仲間を注意する。行為をまねる。顔を近づけてくる。	各1(14.3%)
手伝い行動	物を持ってくる。運ぶ。準備する。片付ける。	6(85.7%)
	洗濯物をたたむ。	2(28.6%)
	毎日の決まった役割を果たす。	3(42.9%)
	布巾を洗う。ご飯をよそう。	各1(14.3%)

出典：高橋実　1996「青年期自閉症者の自己認知と社会的行動」『人間発達研究所紀要第10号』

　段階Ⅳの人は、自閉症群（表5-1）では7人（18.9％）で、発達年齢は、C－A領域においては、34か月から93か月で二次元形成期から三次元可逆操作期の段階、L－S領域で29か月から59か月で、二次元形成期から二次元可逆操作期にあった。
　表5-9にみられるように要求行動・表現においては、7人（100.0％）全員が「〜する」など自分を主体にした2語文での要求が可能となったが、拒否行動・表現においては、「いや」など言葉での拒否がもっとも多い（3人、42.9％）ものの、自傷、他傷行為で抗議したり、独特のフレーズを大声で叫ぶ（各2人、28.6％）などの行動・表現が見られた。他者とのかかわりにおいては、いたずらをして反応を楽しむ人、スキンシップでかかわろうとする

表5-10 段階Ⅳのダウン症群の社会的行動

要求行動・表現	「～する」「～行く」と自分を主語にして要求する。	7(87.5%)
	紙に書いて示す。	1(12.5%)
	広告等の写真を持ってきて示して買うよう要求する。	1(12.5%)
拒否行動・表現	言葉で意思表示することができる。	8(100.0%)
	拒否する場面が少ない。	4(50.0%)
	足を踏みならしたり、机を叩いたりしていやがる。	2(25.0%)
	黙ったままじっとしている。避ける。	2(25.0%)
	パニックになってつかみかかる。	1(12.5%)
自発的な他者とのかかわり	あいさつしたり、声をかけたりする。	8(100.0%)
	仲間の援助をしたり、注意したりする。	8(100.0%)
	援助者の援助の元に仲間とゲーム等を楽しむ。	6(75.0%)
	仲間とふざけ合う。	3(37.5%)
手伝い行動	簡単な調理、食事の準備を自分で判断して行う。	4(50.0%)
	洗濯物をたたみ、片づける。	4(50.0%)
	食後の片付けをする。	3(37.5%)
	部屋の掃除を自分の判断で行う。	3(37.5%)
	家族の布団を敷く。	3(37.5%)
	車椅子の仲間の移動や食事の援助を自発的に行う。	3(37.5%)
	簡単な買い物をしてくる。	1(12.5%)

出典：高橋実　1996「青年期自閉症者の自己認知と社会的行動」『人間発達研究所紀要第10号』

人、積極的なかかわりが見られない人が各2人（28.6％）であった。手伝い行動においては、物をもってくる、運ぶなど準備や片づけが可能となり（6人、85.7％）、掃除や食器洗い、布団敷きなど日常の決まった手伝いを3人（42.9％）の人が果たしていた。

また、ダウン症群（表5-2）では、発達年齢では、C－A領域で29か月から68か月で二次元形成期から三次元形成期の段階、L－S領域では、35か月から54か月で二次元形成期から二次元可逆操作期であった。

表5-10にみられるように要求行動・表現では、言葉で自分を主体にして伝えたり（7人、87.5％）、紙に書いて示し（1人、12.5％）、拒否については全員（8人、100.0％）が言葉で表現できたが、拒否する場面が少ない人も半数（4人、50.0％）いた。また、パニックになってつかみかかる場面が見

られる人も1人（12.5％）いた。

　自発的な他者との関わりついては、全員が、あいさつや仲間の援助、注意などが適切にでき、教師や指導員の援助のもとでゲームなどを楽しんだり（6人、75.0％）、ふざけ合う（3人、37.5％）ことができた。

　手伝い行動では、簡単な調理、食事の準備や洗濯物たたみ（各4人、50.0％）、食事の片付け、掃除、布団敷き、仲間の援助など日常の簡単な手伝い（各3人、37.5％）が自分で判断してできていた。

（4）考察

　段階Ⅰ・Ⅱの人の割合は、ダウン症の人（各7.1％、7.1％）より自閉症の人（各29.7％、27.0％）の方がかなり多かった、しかも認知・適応領域（C－A領域）においては、自閉症の人は段階Ⅰで平均24か月、段階Ⅱで平均40.5か月の段階に達していたが、ダウン症の人はそれぞれ16か月、22か月であった。一方、言語・社会領域（L－S領域）においては、自閉症の人は、段階Ⅰが平均13.2か月、段階Ⅱが平均25.8か月であったのに対し、ダウン症の人はそれぞれ11か月、21か月で認知・適応領域に比べて差が小さかった。

　これらの結果から、自閉症の人は、認知・適応領域の発達水準は一定すすんでも、言語・社会領域の発達が相対的に遅れ、とりわけ〈対象としての自己〉の認知を確立することが、予想通りかなり困難であると思われる。

　別府（1994）は、話し言葉を持たない自閉性障害児の事例検討（2歳5か月から6歳11か月）により、特定の相手との関係の形成と自我の発生過程を分析し、相手を形成する関係の質が、「密着的接近」から「不安・不快な場面で求める関係」から「不安に立ち向かう安全基地としての役割」への3つの異なるレベルを移行することを明らかにした。そして、不安・不快な場面で求める関係の成立が、他者を情動や意図を有する主体と認知する他者認識や自己認識の成立と連関し、不安に立ち向かう安全基地としての役割のレベルでは、他者の情動の覚知を通じて自分と自分をとりまく場面の意味付けを行うことができるようになったとしている。

　本研究での対象者は、段階Ⅰの人も就学前期または学齢期に家族や保育者・教師等との関係が「不安に立ち向かう安全基地としての役割」をもつレ

ベルに達し、家庭や学校生活でのさまざまな社会的関係を体験するなかで「自分と自分をとりまく場面を意味付ける能力」を形成してきていると考えられる。表5-3からも、その中で自分なりの要求方法や手伝い行動を身につけて、生活に適応している姿を読み取ることができる。

しかし、拒否場面においては、自閉症群の段階Ⅰの72.7％もの人が、パニックや自傷行為で意思の表現をしている姿も読み取れる。また、ダウン症群の人にも段階Ⅰでは、自傷行為は見られた。一方で、段階Ⅱの人は、自閉症群でも拒否の意思表示を自傷行為で表現する人が20.0％と少なく対照的である。

そこで要求行動・表現や他者とのかかわりと関連させて自閉症群の段階ⅠとⅡの人とを比べると、段階Ⅰの人は、要求行動・表現では、63.6％の人が人の手をとりやらせようとし、36.4％の人が、目を見て訴え、手を出し、他者とのかかわりでは、27.3％が教師・指導員を押したり叩いたりする程度であった。そして段階Ⅱの人は、要求行動・表現において、50.0％の人は単語で要求しているが、40.0％の人は要求する場面がみあたらないという、二分された結果であった。また、他者とのかかわりでは、40.0％の人が手を触れたりして自ら友好的にかかわろうとする姿が見られた。

この結果から、段階Ⅰの人も自分なりの意図や見通しをもち、他者にその要求を伝えようとしている。しかし、それをシンボライズして表現する手段である言葉やサインを持たないために直接手をひこうとしたり、手を出したりしているが、その要求が伝わりにくかったり、そのおかれている場面の社会的意味を正しく認識したり、他者と共感的に場面を共有したりすることが困難なため、彼（彼女）らの行動が教師や指導員から見ると場面から逸脱した行動や要求と映りやすく、要求が受け入れられにくい場合が多いことが予想される。さらに、自ら他者に関わる手段も、近づいてさわったり、スキンシップを求める程度であるため、自らに対する十分な評価やかかわりを教師や指導員から受けられにくいのではないだろうか。そうした欲求不満とより濃厚なかかわりを求めるこころが、自傷行為という行動として表現されているのではないかと考える。また、人の手をとってやらせようとする行動（いわゆるクレーン現象）や自傷行為は、ダウン症の人にも見られたことから、

これらの行動が自閉症特有の行動というより、この段階の人が要求や不安を表現する形態の一つと考えられるのではないだろうか。
　だとすれば、①見通しが持ちやすいように場面を整理し、分かりやすい働きかけを工夫すること、②社会的規範と彼らなりの意図や見通しが食い違った場合、彼らなりの意味付けをしっかり見極めて、受容しつつ指導・援助すること、③スキンシップを含めた、濃厚で暖かいかかわりを保障する場面をつくること、④物を取ってきたり、運んだりという、これまで身につけてきた彼らにもできる手伝い行動などの機会を意図的につくり、それをしっかりと評価すること、などが主体的な行動を引き出し、情緒的に安定した生活を作り出すことにつながるのではないかと考える。
　自閉症群の段階Ⅱの人は、単語で要求を表現したり、積極的に他者にかかわろうとする姿が見られる人もいるが、一方で要求する場面が見られない人もいた。段階Ⅰの人以上に認知・適応領域における認知発達がすすんでおり、日常の生活技能や作業能力を身につけていると思われる。それゆえに、生活場面に受動的に適応し、あまり要求を表現する必要がない人もいるのではないかと思われる。一方、ダウン症の人は、指さしは出現しているものの、絵の名称に対して指さす段階に達しておらず、段階Ⅱの自閉症群のもっとも知的障害の重い人と同レベルの発達段階であった。この事実を裏返して考えると、ダウン症の人は、絵の名称と結びついた指さしの機能を身につけていない人でも〈顔の各部位とその言語表象との同定〉を獲得しているが、自閉症の人は、絵の名称と結びついた〈可逆の指さし〉の機能を獲得していても〈顔の各部位とその言語表象との同定〉の段階にあり、〈対象としての自己〉の認知を確立していない人がかなりおり、その確立の困難さが逆に浮き彫りになっている。
　百合本（1981）は、32人の1歳児における鏡像の自己認知の発達を実験的に検討したが、15か月児の45.4％が鏡に自己像を映させて、「○○ちゃんどこ？」という質問に鏡の自己像または自分自身を指さすことができ、22か月児の72.7％が被験児の鏡像を指さしながら「これ誰？」と聞かれたとき自分の名前を答えられ（本研究の段階Ⅲ）、鏡をみて自分の鼻に触れることができた。彼女によれば、鏡の自己認知が出来るためには、（1）第三者の視

座に身を置き、自分の見え姿を想像すること、（2）その姿が鏡の中ではなく、第三者から、自分の身体のある地点に見える表象であること、の2点の把握が必要であり、（1）の想像は他者との相互交渉を通じて「自己にまなざしをむける他者の視点から自己をまなざし、まなざしを交換すること」の中で「互いの立場が交換可能な〈他者の一人としての自己〉が形成されなければならない」すなわち、健常児の場合、1歳前半の時期に半数近い子どもが〈他者から見た自己像〉に気づきはじめ、1歳後半で〈他者の一人としての自己〉が形成されると考えられる。

また、この研究では〈顔の各部位とその言語表象との同定〉は、鼻（15か月）、口と耳（19か月）、目（22か月）の順ですすみ、〈他者の一人としての自己〉の形成過程と平行していることが確かめられている。一方、本研究の段階Ⅱの自閉症群の人は、〈顔の各部位とその言語表象との同定〉は可能となっているが、〈他者の一人としての自己〉である〈対象としての自己〉の認知が形成されず〈他者から見た自己像〉に気づき始めた段階にあると推測される。

であるならば、段階Ⅱの人に対しては、他者の名前を呼んだり、呼ばれたり、物を渡したり、受け取ったり、いっしょに物を運んだりといった他者との情緒的交流を伴ったまなざしの交換が可能な場面を意図的に組織するような働きかけが、〈他者の一人としての自己〉の形成にとって大切であろうと考えられる。

〈対象としての自己〉の認知は形成されているが、鏡に映った相手の像が指摘できず、第3者の視座からの自他の対象化が困難な段階Ⅲの人は、自閉症群でもダウン症群でも二語文で要求できる人がでてきている。しかし、ダウン症群では、75.0％の人が自分を主語にして言葉ではっきりと要求や拒否表現ができ、あるいは全員が仲間への積極的援助をおこなっているのに対し、自閉症群では、33.3％の人が単語での要求に留まり、33.3％の人は二語文での要求ができているが、「〜しようね」など自分が他者から言われた言葉をそのまま用いて主客の転倒した表現を行うなど、要求の主体者である自分を主体にした使用ができにくい人もいる。拒否行動・表現においても、44.4％は、言葉で表現できるものの、自傷行為や他傷行為で抗議するといった行動

もそれぞれ44.4％、33.3％の人に見られた。他者とのかかわりにおいても教師や指導員の身体をさわりにきたり、いたずらをして反応を楽しんだり、特定の人への同一性保持的行為（靴下をぬがす、髪の毛にさわる、絆創膏をはがす等）を要求する程度で、仲間への積極的な援助行動は見られなかった。しかし、手伝い行動において、みんなにお茶を入れたり、配ったり、車椅子を押したり、仲間と手をつないで歩くなど、役割が設定されると、他者の存在を意識した行動がとれる人もいた。

　自閉症群では、拒否行動・表現において段階Ⅱの人に比べ、自傷・他傷行為の割合が再び高くなっていることが注目に値する。段階Ⅰの人と異なるのは、段階Ⅰの人は、不快、不満を情緒的表現として直接表出しているのみであったのに対し、段階Ⅲの人は、自傷行為を行いながら相手を見たり、他者にものを投げたりと、自己の情緒的感情を対象化し、まなざしを向ける他者の存在と明確に区別して、相手に自己の情緒的感情を間接的に訴えようとしている点である。

　しかし、段階Ⅲのダウン症群の人に比べて異なる点は、ダウン症群の人全員が、仲間の行為やハンディに積極的な関心をもち、援助しようという行動が見られるのに対し、教師や指導員、仲間に対する自閉症群の関心は、特異的で部分的なものにとどまり、自発的な援助行動には結びついていないという点である。しかし、特異的、部分的であるにせよ、〈対象としての自己〉の認知の形成された段階Ⅲの自閉症者は、彼らなりの仕方で、相手の行為や反応に自ら関心をむけ、かかわろうとする姿が見られる点は注目すべきであろう。

　この段階にあると思われるＥさん（26歳、男性、Ｃ－Ａ　63М（5：3）Ｌ－Ｓ　37М（3：1））は、特定の職員がいるか、いないかにこだわりがあり、朝その出欠を確認し、いるときには仕事を指導員に励まされながら行うが、いない日は、ほとんどうつむいたまま手がすすまない状態になる。また、その職員が事務所にいると、そのそばからはなれられず、仕事に向かうことができないときもあった。当初は、担当指導員が強く指示して連れ出そうとしたが、拒否が強く（自分の手をかむ、近づいた指導員を拳で叩いたり、足で蹴る）なかなか動こうとしない。そこで、こだわっている職員自身に、事務

所からでるよう指示してもらったり、誘導してもらうと抵抗なく作業室に行くことができた。しかし、その職員が事務所にもどるとその後を追って事務所に入ろうとする。鍵を閉めると事務所前に座り込み、「鍵、しめて」と主客の転倒した要求の仕方で、鍵をあけることを要求する。そこで、その職員から、「仕事が終わったら、来てもいい。それまで私は、事務所で待っているから」というように、見通しを与えてもらったところ、担当指導員が伝えても納得しなかったのが、納得でき、安心して作業を行うことができた。

また、新しい来客や気になった友人の鼻にさわるという儀式的行為があり、それが満たされないと執拗にその人を追いかける。そこで、指導員が仲介となり、相手に危害が加わらないように力をコントロールしながら行うと、納得する。

このように、他者への関心が、特異的な狭い関心に片寄りがちな自閉症児者に対しては、単に制止するのではなく、その関心を向けている他者を行為の主体として自覚できるようなやりとり関係を組織し、適切な関わり方を行えるような指導の工夫が求められるであろう。

鏡に映った自他の像を区別して指摘でき、〈第三者の視座からの自他の対象化〉が可能な段階Ⅳの人は、自閉症群でも全員が「〜する」など自分を主体にした二語文で要求を表現していることは注目に値する。しかし、拒否表現においては依然、段階Ⅲの人とほぼ同様に自傷・他傷行為で抗議する姿（それぞれ、28.6％）が目立っている。他者とのかかわりにおいては、ダウン症群では、仲間の援助を行うだけでなく、仲間同士でゲームを楽しんだり、ふざけ合ったりしているのに対し、自閉症群では、自分なりに決めた特定の仕方でかかわり、相手の反応を楽しんだり、期待したりする人が多いようである。手伝い行動においては、ダウン症群の人が、食事の準備や片付け、部屋の掃除といった一定の段取りや簡単な判断を必要とする役割を担っているのに対し、自閉症群の人は、物を運んだり、洗濯物を畳んだりといった、具体的で単純な役割をまかされているようであった。しかし、毎日の決まった役割を自主的に行っている人が多い点では、比較的共通しており、日常生活場面においては、それなりの役割を担い、社会適応している姿が見いだされた。

この段階にあると思われる、Nさん（21歳男性　C－A　38M（3：2）　L－S　31M（2：7））は、作業所入所当時は、指示に対する不安傾向が極めて強く、「～しよう」という声かけに敏感に反応し、「～いやなん」と強く拒否し、それでも指示され続けると興奮してきて、相手をつねりにくるようなパニックを起こすことがしばしばあった。Nさんは、他者の評価を自己の中に取り込み、自分の行動を言葉でコントロールする意識が萌芽しつつある段階にあると思われるが、社会的意味の言語的理解が困難であるため、現実の行為の適否の判断と他者の言語的評価との結びつきを理解できないまま、他者からの言語的評価を過剰に意識していた。

そこで、否定的な言葉かけやたたみかけるような言葉かけを極力排し、視覚的に見通しが得られる設定を工夫し、Nさん自らがやる気になった時に、それをやさしく励まし、評価する対応を続けていった。すると、1年あまりで不安傾向が軽減し、安定して集団での作業や取り組みに参加できるようになった。Eさんは、机などを他の仲間と運ぶように指示したり、お茶をみんなに入れるように頼んでも拒否するが、Nさんは、頼むとやってくれる。また、司会などで、みんなに「元気ですか？」と問いかける場面において当初は、指導員の「元気ですか、と言って」という指示に「はい」と答えてしまうことがほとんどであったが、繰り返すうちに徐々に、仲間に向かって「元気ですか？」と問いかけられるようになってきた。

このように、段階Ⅲの自閉症群の人は、他者との共同や、役割交替の経験を重ねるうちに、他者への援助やかかわりを主体的に行うことが可能である。しかし、実際は、周囲の継続的な励ましがないと、他者との共同作業や援助の行為が持続せず、明確な共感や達成感が表現できにくいのが現実である。彼らが（彼女ら）が見せるわずかな表情の変化や他者を意識した動作などを見逃さず、そうした感情をふくらませ、広げていけるような、実践や取り組みを集団的指導の中で工夫していくことが大切であろうと思われる。

Mundy & Sigman（1994）は、自閉症児の社会的行動の発達的変化に関する研究を概観し、自閉症児の社会的行動が生活年齢、発達水準に応じて異なることを指摘したが、本研究の結果は、自己認知の発達段階が他者との関わりや社会的行動の発達的変化と密接に関連していることを示している。知的障

害の重い自閉症者も青年期に達すると呼名に応じるというように自己を成立させ、〈他者から見た自己〉に気づき始めている。そして、何らかの方法で自分の要求を表現したり、他者の意図を理解する力を身につけて、社会的役割を担うことが可能となっている。しかし、他の領域の認知発達の水準と比較して自己認知の発達水準は相対的に遅れており、自己認知の段階が同水準にあるダウン症群と比較すると〈対象としての自己〉の認知が成立したのちも、他者への援助行動や仲間同士でのゲーム遊びなど、他者への情緒的共感を必要とするような対人的かかわりが困難であった。

　Hobson（1989）が指摘しているように、自閉症の障害の本質は、「他者との情緒的な対人関係を発展させるのに必要な、行為と反応の連動を司る素質的基盤の欠如」であると考えると、生活年齢がすすんでも、認知や言語の障害のなかでも特に情緒や社会性の発達に関係の深い象徴的機能の発達障害がダウン症などの知的障害者に比べて顕著であることが納得できるであろう。主体である自分の認識は、他者との情緒的な相互関係の中で発達的に形成されるものであり、自閉症児の発達過程で自己認知の発達が相対的に遅れるのはそのためであろうと思われる。

　しかし、本研究で示されたように知的障害の重い自閉症児者も社会経験を積み重ねる中で自己の認知を発達させ、一定の社会性を発達させて来ている。そのなかで〈他者と主体的にかかわる力〉を適切に引き出すためには、その水準を把握した上で、他者との情緒的交流・社会的相互交渉を適切に保障することが大切であると考える。

　今後は、一人ひとりの事例におけるかかわりの質や社会的行動を実践的働きかけとの関係のなかで、丁寧に検討し、その縦断的変化を検討することにより、青年・成人期自閉症児者が、主体的に他者とかかわり、豊かな社会生活を送れるような実践のあり方を考えていきたい。

2. 教育と福祉の縦の連携による成人期自閉症者の発達過程の研究

(1) 研究の視点

1979年の養護学校義務制以降、養護学校における自閉性障害児への対応が大きな課題となってきた。気持ちがひびきあいにくいという対人関係の結びにくさ、活動の流れの中での切り替えにくさ、周囲にとっては理解しにくいこだわり、そしてそれらをひきずったまま集団活動にむかう時の情緒の不安定さ、さらにそれに起因する自傷行為などは深刻な問題として焦点化された。いわば、それまでの知的障害児教育における方法（つまり教師と子どもの関係や子どもどうしのやりとりを軸とした学習展開、子どもの実態から一般的に推測される興味関心や経験を教材化し目標に迫ろうとする学習内容など）に依拠し、そこに適応させようとすることの限界が次第に明確になってきた。そこで、これらの行動上の問題を軽減することを優先し、「自閉症」という障害の特性を知り、対処の方法を見いだすことから始めたと言える。教育実践は、個別指導であれ集団指導であれ、教育的な関係の成立を前提にする。その意味では、対人関係の結びにくさへの対応が、自閉症児への教育にとって極めて大きな意味をもっていることは、当然であった。

ここでは、大きく2つの方向があった。第1には、自閉症を持つ子どもたちに弱いとされる言語的コミュニケーションの力の基盤に注目して働きかけ、共感関係を結ぶことを目標として、必要な場合には指導者との一対一の関係を重視して感覚あそびやダイナミックに身体を動かすような活動を多く取り入れた。その中で子どもたちは自分の思いを出す機会を広げられたものの、系統的な教育の目標を設定しにくく、その結果、目標と関係させた到達度がとらえにくい状況も生まれた。第2に、行動療法などのさまざまな訓練的な方法が提起されるようになり、その一端が学習活動や学校生活全体に取り入れられた。具体的には、自閉症児が雑多な情報の中で活動する時に困難や混乱を示すことに着目し、情報の整理と見通しの簡潔化を重視した。この結果、情緒的にもある程度の安定を望めること、そういった中では指示理解も進み、教師とのやり取りもスムーズになることを経験した。

このように、いずれの方法においても行動上の問題をこじれさせず、場合によってはそれを軽減することも可能であったが、反面集団や環境が変わる都度問題が再発するなど、そうした改善が限定的なものであったことも痛感された。このように、よって立つ自閉症や教育についてのとらえ方の違いはあるものの、自閉症児が持つ高い操作性のみに依拠し、行動の問題が改善すれば社会的自立も可能であると狭く考えた点については共通していたように見える。そして、評価を求められることの多い教育現場において、こうした暗黙の合意は教育実践の底流において大きな影響力を持っていた。

　しかし、すでに述べたように操作性の高さと対人関係の弱さとが教育実践において統一的に把握されない中で、対人関係の弱さが固定化したり、操作性の形骸化があらたな問題として意識化されるようになってきた。例えば、子どもたちに教育場面で提起する活動についても、活動自体が持つ教育的意味とともに、それを通じて自己や他者の理解をどう深めてゆくか、という二重の構造を持つものとして存在していることを意識化した教育実践が、自閉症児にも求められているのではないだろうか。その意味で、前項で紹介したような最近の自閉症論の動向は、対人関係における困難を抱える子どもたちに教育的関係を成立させつつ教育内容を展開してゆくということを構想する上で、示唆的である。同時に、本研究では、自閉性障害を持つ人たちの乳児期から成人期にいたるまでを縦断的に検討するが、教育実践が展開する上では子どもたちがかかえる障害の理解とその変遷によっても大きく左右されること、さらに教育諸条件にもさまざまな制約を受けることなどから、できるだけ教育実践（早期療育や障害児保育、小規模作業所や授産施設などにおける手立てを含む）との関係でその発達的変化をたどり、その発達の過程を再構成して考察することを重視した。なお、教育実践は、子どもに働きかけ子どもを変えるとともに子どもも教育を変えていくのであるから、上記のような教育的関係を成立させつつ教育内容を展開してゆくという視点からの教訓についても重視をした。以上が本研究の基本的な視点である。

（2）研究の目的と方法

　今日、障害の早期発見や早期対応、養護学校義務制実施によって制度的基

礎が一応確立したといえる学校教育、小規模作業所や授産施設、あるいは企業への就労など、自閉性障害をかかえる人たちへの対応も生涯を見通した支援が可能になってきた。しかし、それらのとりくみが、その時々の姿をとらえてはいても、先を見越して、あるいは今までの姿から経年的に支援していくという点では、まだ、多くの不充分点があるのも事実である。

そこで、就学前の療育関係者、学校関係者、さらに現在利用している小規模作業所あるいは授産施設関係者が可能な限り一堂に会して、一人ひとりの事例検討をし、この3つの時期の関係者の連携をより強め、自閉性障害をかかえる人たちの姿を通して互いに学び、発達の道筋を縦断的に見直し検討することで今後の方向性や各年齢時期の実践上の課題を明らかにしようとした。

第2に、障害の早期発見・早期対応の制度化や養護学校義務制の実現など、障害児の発達保障の制度的基礎確立の努力が、一人ひとりの子どもたちの発達にとってどのような形で反映し、そこからどのような教訓を引き出し得るのかを検討することも重要な課題である。障害児の発達保障は、制度や施策が整っても、それを通じて展開される実践内容によって大きく左右されるであろうからである。その意味で本研究で取り上げた自閉性障害をかかえる人たちは、大津市で障害の早期発見・早期対応が始まった1974年に出生し、1979年からの養護学校義務制実施の後に1981年に小学校に入学した人たちであり、この人たちの発達の過程を記録すること自体格別の意味を持つと考えた。

そこで事例ごとの検討では、すでに述べたように、対象者の早期療育や就学前の資料、学校時代の教育課程、実態に関する資料、作業所での現況の資料を可能な限り収集し、その年代ごとの行動上の問題を含む全体像や生活の状況について、そのケースのその時々の関係者や主にA養護学校の高等部でかかわった者が報告し、研究協力者も交えて検討を進めた。

事例検討は順不同で進めてきたが、6人のケースの検討を進める中で、自己の認知面やコミュニケーションの力、あるいは実際の生活ぶりや作業場面での向かい方の共通点、また豊かな青年期を志向していく上で課題となると思われることの共通性などから、大きく3グループに大別して整理を試みた。

表5-11 事例研究対象者の概要

調査時年齢	性別	コミュニケーションの状態	保育・教育の経過	在学中の新版K式発達検査	学校卒業後の状況
A 21:4	F	話し言葉は、獲得していない。こだわりなどの自閉性強い。	2歳で大津市転入。療育指導を受け市内保育園入園。1981年にF擁護学校小学部入学。中・高部を経て卒業。	CA 17:5 DA 2:3 C-A 2:7 L-S 1:2*	市内F作業所（無認可）通所。作業能力は高いが、強迫的で情緒安定せず、一対一の関わりを必要とする。
B 20:1	F	話し言葉は、獲得していない。	5歳で大津市転入。いくつかの関係機関での相談を受け、市内N小学校を経て、1987年F養護学校中学部入学同高等部卒業。	CA 16:11 DA 2:0 C-A 2:3 L-S 1:2*	市内R作業所（授産）通所。学校時代に習得した「さをり」織りに取り組むが、しばらくして拒絶。新しい手だてを模索中。
C 20:7	M	1〜2語文の話し言葉を獲得している。	大津での乳幼児検診の後、療育指導を受け、市内保育園入園。1981年F養護学校小学部入学。中・高等部を経て卒業。	CA 17:7 DA 3:5 C-A 3:11 L-S 3:1**	市内K作業所（無認可）通所。人との関係も持て、結び織するに向かえるが、放浪するなど社会規範が守れない事もある。
D 21:5	F	1〜2語文の話し言葉を獲得している。	小学校2年生で大津市に転入。市内S小学校を経て、1987年F養護学校中学部入学。同高等部卒業。	CA 17:10 DA 3:5 C-A 3:11 L-S 2:11*	市内Y作業所（授産）通所。箱折りが好きで、作業所の流れには乗れているが、不眠・ストレスが問題に。
E 21:2	M	言葉によるコミュニケーション可能。操作性高い。	1歳7か月で大津市に転入。やまびこ園入園市内Z小学校を経て、1987年F養護学校中学部入学。同高等部卒業。	CA 17:10 DA 5:4 C-A 8:7 L-S 3:4*	県内M作業所（無認可）へ入所。問題行動の頻発などで、1994年5月退所。1995年5月より市内K作業所（無認可）へ通所。
F 21:1	M	言葉によるコミュニケーション可能。操作性高い。	大津での乳幼児検診の後、療育指導を受け、幼稚園入園。S小学校を経て、1987年F養護学校中学部入学。同高等部卒業。	CA 17:4 DA 5:4 C-A 6:11 L-S 4:6*	県内W作業所（無認可）へ入所。ボルト組み立てなどの作業に向かうが、本人にとっての成就感や将来における企業就労に対する家庭の希望などが課題。

＊1992年実施の新版K式発達検査による発達年齢。
＊＊1989年実施の新版K式発達検査による発達年齢。
（CA：検査時の暦年齢、DA：全領域、C-A：認知・適応、L-S：言語・社会）
出典：高橋実・森由利子・前川千秋 1999「成人期自閉症の後方視的研究」『人間発達研究所紀要第2号』

（3）縦断的事例検討
Ｉグループ：話しことばを獲得していず、おとなとの直接的な交流を支えとして、自分の思いを発現している事例

事例Ａ
①療育指導、保育園時代の姿
　家族の回想では１歳４か月ごろ、話しことばが消失する。２歳で大津に転入し「自閉的傾向」と診断され翌年の春から保育園に入園する。保育園では設定された保育や生活に入りにくく、情緒的にも不安定なため、自由な行動を保障して保育園生活になれることを重視した。身体全体を使った遊びにとりくみ、徐々に皆と一緒に食事などができるようになり、生活リズムも整ってくる。歌が大好きでよく保育者の膝の上で聞き入っていた。この時期、人形の口に物を食べさせたり、なぐり描きをするなどつもりを持った行動も見られていた。

　４、５歳から６歳ごろには発達検査の課題に向かえて、ほめられることを喜びはするが、"モウイッカイシテミヨウ"というような取り組み方や、状況の変化にあわせてやり方を変えてゆくというような力を要求される場面は苦手であった。

　当時自閉性障害児保育については手探り状態で、保育園内での障害児のグループ保育なども試みはじめた時期だったが、基本的にはクラスの中で受け止めてきた。発達的に乳児期後半の課題を念頭においた保育内容を大切にしてきたが、相手の人との共感を育てることがもう一歩必要ではなかったかと振り返る。話しことばで目標を共有することがしにくい状態の中、自分なりの見通しを持って生活できたり、自己の行為の手応えをつかめるように支えることやそれを受け入れる力を形成していく課題があったと考えられる。

②養護学校小学部から高等部時代の姿
　小学部入学時はどこでも排泄し高所登りや物を捨てることが多く、基本的生活習慣をつけることが重要な課題と考えられた。また、感情の起伏が激しく、おとなが穏やかに接する時とそうでない時の反応の差が大きかった。お

となの気持ちを機敏に察し、それに影響されて行動がエスカレートし、結果的に物を壊してしかられたり、逆に常同行動にこもるなど人との関係では悪循環が目立った。

　中学部になり少し落ち着いていたが、2年生より場所へのこだわりが目立ち始め、その場から動かず、下校を拒むことなども起こるなど、一見後退したような姿を呈した。ただし、こだわりが強くなったということだけではなく、人との関係においてそれまでのようにおとなの気持ちを察してそれに振り回されるのではなく、自分の意志を出すようになったとも感じられた。

　しかし、こうした行動のため生活上の困難も増えてきたため、精神安定剤が処方され、生活リズムを整えることに取り組むことで、少しずつ元の状態に戻った。学校における指導では、無理強いはせずくつろげる空間を保障し、集団を離れての指導者との一対一の対応と見通しを支える声かけを心掛け、徐々に自分から集団活動に参加するようになっていった。

　高等部ではそれを土台にして、集団の中での活動にしっかり参加することを課題とした。具体的には、具体物の呈示や操作を取りいれるなどして見通しを持ちやすくし、活動場面では本人が共感関係を持てるよう人との支えを大切にした。学習場面でも、具体的操作を伴う課題には向かいやすいということを手がかりとして指導が展開された。中でもアルミ缶をリサイクルのため圧縮する作業では、圧縮用の簡単な器具を用いたり、掛矢（かけや）で縦につぶしたり、また足で踏んでつぶすなど、集中してどんどん取り組む姿が見られ、"しごとにむかう姿"として評価された。喜怒哀楽の表現の強さや、それに伴う自傷行為、カサブタができた鼻いじりのこだわりなどはあるものの破壊的な行動などで困り果てることはなく。うまくおとなに甘えつつ学校生活を送ることができるようになった。

③作業所での姿

　高等部卒業後、作業所に通いはじめた。作業所では、タックシール貼り、紙漉きなどが中心的な仕事内容であった。ある程度慣れるのに3か月ほどかかったが、シール貼りではほめられると喜ぶという姿も見られるようになった。作業所での生活にはあまり抵抗はなく、職員の歌ってくれる歌を支えと

していて、仲間との簡単なやり取りも見られ始めている。作業的には高い力を発揮する一方で、「未完成の作業が目の前に残っていると気が済まない」というような仕事への向かい方が目立ち、本人にとって「仕事とは何か」、あるいは「音楽などを支えに生活を展開することはどうなのか」といった指導上の今後の悩みもある。また、特定の指導者との一対一の対応であれば安定しているが、職員が他の仲間の対応におわれていると、自己主張の一つの形として物を壊したり嘔吐が激しくなったりなど、伝える手段の狭さと伝わりにくさも存在している。作業所での日課や仕事の流れが自分なりにつかめるようになり、自傷行為も減って相手の人に気持ちを寄せることのできる点を成果と見ながらも、気持ちを自分で立て直したり、仕事の目標をことばでつかめるようになるというような方向性の中で、どのような指導が必要なのかの検討が求められている。

事例B
①就学前～小学校時代の姿

　1歳の頃呼んでも振り向かず、ひもや雑誌など特定のものに執着する傾向があった。4歳で幼稚園に入園するが、5歳10か月で大津に転入する。幼稚園時代は集団行動はとれないものの、規則はある程度守れて、友達とともに遊びの輪の中に入れた。小学校は1年生から小学校情緒障害児学級に入学し、そのころからS大学の教育相談を受ける。対人関係の育ちを中心課題として、ここで本人の好きな揺れる遊びや身体接触などを通じての療育を受け、中学部からA養護学校に入学した。

　4歳頃まではことばが徐々に広がっていたが、その後5歳頃から消失し常同行動やパニックが見られるようになった。小学校時代は身体を揺らしてもらうことを好み、そうした好きな活動の中で視線が合うようになり、それまで多かった空笑も消えて行った。遊びは、最初の入りにくさがあっても、何回か繰り返すうちに楽しめるようであった。一見、愛着行動のように抱き着くことがあったが、親しくなってと言うより、不安の表現であったり、活動を強要されたことに対する抵抗のようにも見えた。

②中学部～高等部時代の姿

　中学部時代は決まった日課であればさして問題なく過ごせるものの、自分で判断して行動することが求められるような場面での対応は難しい状況だった。思いが通らず、相手を押したり、頭突きをすることもあった。いったん消失していた空笑も再び見られるようになり、この時期本人の気持ちの微妙な移り変わりのくみ取りにくさもあった。生活面では、家庭での指導等もあり、衣服の着脱など身辺処理の力を一つひとつつけていくことができた。ただし、先にも述べたように周囲の状況にあわせて生活しているという印象で、場面によっては見通しが持ちにくかったり、状況の変化でBさんなりの見通しが崩れてしまい、そうしたイライラを人にぶっけることもあった。

　人との面では一対一の学習場面を大切にする中で好きな指導者ができ、そのことで、「〜シタイ」という気持ちを人に伝えようとする姿も芽生えつつあった。一人になろうとする姿も見られたものの、全体として人に対する気持ちは希薄ではなかった。指導上は、一定形成できた力に依拠する取り組みが中心であった。実際の作業学習では、さをり織りに取り組んだ。1日単位の長い時間の流れの中で、おとなの声かけを支えとしてシャトルを通し、ペダルを踏み換え晟（おさ）を叩くという一連の動作をくり返している姿も見られた。このようにして織り機に向かえば自分で織れるようになるなど、さをり織りがBさんにとって主体的にとりくめる学習のひとつとなっていた。

③作業所での姿

　入所時の「さをり織りを大切にしたい」という家庭の希望もあって、さをり織りができ自宅から通いやすい授産施設を利用することになる。そこでさをり織りに取り組むが、1人では作業ができず職員が隣について時々ことばかけをするような形である。段々甘えるようなしぐさが増えてきたが、そのうち、さをり織りになると壁に頭を打ちつけることが見られるようになった。そこで、落ち着けるようにと小さな部屋で作業できるようにしたり、ことばかけのみではなく写真を使って視覚的に説明すること、さらに1回の作業を5分程度に区切るなど指導上の工夫を試みた。しかし、さをり織りへの意欲はあまり高まらず、このころより鋏でさをり織りに用いる糸を細かく切るこ

とが始まる。

　そこで、作業以外に楽しめる活動を日課の中で重視し、少しずつさをり織りにとりくむ時間をのばしつつある。

　ただし、労働場面では一方で収益をあげることへの期待があり、他方で労働にむかうための労働以外の活動の保障も必要な中で、「さをり織りができるBさんに対して指導上の幅を広げることに困難が生じやすい状況にある。

④事例A、Bの検討からの考察――発達的に持てる力をどう見るのかと行動の問題の要因整理の必要性について

　2ケースともほとんど有意味語を持たず、まだ理解言語もあまり広かっていない、という状態にあり、話しことばの世界に移行できていないと考えられる。そして、他者との関係の中で何を求められているのかなど、自分のおかれている状況を把握しにくいという自閉症の人が持ちやすい特性を示しつつも、発達的にも周囲の状況をふまえ、自分のつもりを出し始めている段階にあると考えられる。

　幼児期から、いわゆる愛着行動はあり、人に対して自分の要求を出すが、それを積極的に伝えることは少ない、という共通点を持つ。日々の生活の中で繰り返し提起される生活の力は積み上がっているのだが、その内実、いいかえると発達的にあるいは障害にどのように迫れたかを見る必要があるのではないだろうか。

　結果として、本人に、提起する課題に応えることを周囲が優先させすぎてはいなかっただろうか。そしてその中で行動の型は身につけたものの内面をくぐらずに形成された力と次第に顕在化してきた自己の意図が両立し得なくなり、あたかも自己主張の手段として自傷や破壊行動に及んでしまったように見える。それらが顕在化した年齢は異なるものの（事例Aでは中学部時代、事例Bでは高等部卒業後）、その機制の共通性がうかがわれる。

　事例AとBは、話しことばなどを用いて自己の気持ちを伝えることが確立していない。同じように、周囲の人の行為についてもその背景に意図やつもりが存在しているととらえることも充分ではない。こうした状態の中で、ある状況に対応した行為を積み重ねることによって現実の交流や生活が一見ス

ムーズに展開してゆくのであるが、自己主張が始まるとそれまでの生活が逆に制約になり、それを発達的に突破しようとしはじめる。自己主張は、意図やつもりを相手に伝えることである。こうした自己主張が、間接的な交流を可能にする手段（サインやことば）を持てない中で展開していることにAとBに共通の特徴がある。

　その意味で、このような自己主張は、意図やつもりを視野に入れない行動の型に従っていた生活が揺らいでくることでもある。このような形で発達的な転機を迎えるのであるが、生活年齢が高くなるにしたがって、それがより大きな困難として現れる。事例Aにみるように、自己主張を背景にした問題行動は周囲にとっても本人にとっても危機的な状況であったが、それを軽減するというだけでなく、その背景にある発達的転機を成し遂げようとする力を励ます視点と援助が求められていたのではないだろうか。

　同様に、事例Bでは、生活上では物のありかや向きなど絶対に間違えず、このような状況を把握する力がさをり織りに向かうことのできる重要な条件でもあった。しかし、こうした作業の手順が習得された後に、作業に用いる糸選びを楽しむようになったり、その糸を鋏で切ることが半ば遊びのようにして展開し始める。ある意味で、周囲の事象と自己の活動の固定的な関係がくずれてきているのであるが、それが労働の成果を台無しにするという結果になることから労働場面での新たな困難が生じる。作業の効率や労働という点では後退であるが、むしろ問題はそれまで可能であった作業を支える力の評価と、その発達的な変化を視野に入れた指導上の見通しにかかわってである。ここでも、意識化されるようになった意図やつもりが、社会的な期待との間で危機的な状況を呈するようになっているといえよう。

　事例AもBも、断片的で不均等さを持ってはいるが、行動において発揮される能力の高さが先行している。そうした操作性の高次化を待つようにして、自己主張が強まる。その操作性に依拠して成立する生活や労働が、続いてはじまる自己主張の強まりによって、それまでのような形では成立しなくなる。このような状況の中で、例えば事例Bでは労働以外の活動を作業所での日課に積極的に取り組んでいることなどは示唆的である。獲得されている能力が本人のつもりや意図のもとで統合される過程を積極的に保障してゆく課題が

存在しているといえよう。その場合、作業や生活で発揮される能力についての評価にあたって、それが発揮される際の交流の質と関連させた吟味が必要ではないだろうか。

作業学習において労働に向かうとりくみをどうすすめるか。

学校卒業後に利用する小規模作業所や授産施設での作業を考えた時、作業特性という点から見て、何が大切であるのか、またそのためにどのような手立てが必要か、という検討も重要である。

労働は、よく知られているとおりその成果物を思い描いて外界に意図的に働きかける活動であると同時に、成果物の表象が他者と共有され、その上にたっての交流を前提にしている。

労働のこのような特質は、話しことばが中心的な交流の手段になっていない人たちにとっては、いくつかの制約や困難を生じることになる。

事例Aの場合、高等部時代にアルミ缶つぶしに取り組み、自分なりのコツをつかんで学校での作業学習自体はどんどん進んだ。そうした作業に、「ここまでしよう、ここまでできた」という量的な見通しを持てるようにしながら、その見通しを共有した上でそれとの関係での達成感を得てほしいと考えた。そして、そこから社会的な広がりを引き出そうとしたが、実際には「これだけできた！」というような達成感が周囲と共有できにくく、むしろ自分なりのやり方を工夫して作業をしていくという点に満足感を得ていたように思われる。

また事例Bの場合、さをり織りに参加できるという点は卒業時点での学校生活の一つの到達点として作業所にも引き継がれたのであるが、振り返ってみるとそれが学校という空間やそこでの人間関係の中で成立していて、周囲の人と作業の中の目標を安定して共有できていなかったのではないだろうか。指導場面ではともすれば機械的な動きを追うことに終始してしまい、目標への達成感や、そのことでの満足感や成就感が得にくい面もあるのかもしれない。「今度はこうしてみよう」というような工夫や、周囲からの評価などが労働の成就感につながっていたのか、またそのような意欲や興味を土台にして労働が目的的に進められているのか、など検討すべき点は多い。

学校を卒業した後の生活を考えたとき、さしあたり依拠できる能力に限定

して、作業を中心とした生活を送ることが強調されがちである、確かに卒業時点で到達した作業能力やその意味にも大きなものがあり、学習の成果として「運ぶ」「置く」「入れる」などが可能となれば作業場面への参加の可能性が拡大する。しかし、こうした作業能力が形成されている場合にも、そうした労働の意味が問われる。特に自己の行為が対象化されにくい状況で作業を継続するとすれば、そこには感覚運動的な楽しさや面白さに依拠する度合いが大きくなるが、そのことがともすれば自己刺激的な活動に収斂する危険性もはらんでいる。

　また、すでに述べたように、労働は行為そのものではなく、その行為の社会的価値において成立し、そこに課題性が成立するが、話しことばを獲得していないという状況はこうした課題性を周囲の人と共有することが困難な中での作業場面への参加であり、作業能力形成への働きかけとともに、労働の主体としての形成の課題が重視されねばならないであろう。このような課題を持ちながら卒業した人たちにとっては、作業所など社会へとつながる労働の場を通して発達に働きかけることと、文字通り働くことを再生産していけるような中身（リクリエーション）をあわせ持った活動を考えることなども必要とされていると考えられる。

Ⅱグループ：1～2語文による話しことばでのコミュニケーションが可能で自分の行為を確かめる遊びの要素を楽しみつつ生活に向かっている事例

事例C
①療育時代、保育園時代の姿から
　1歳で大津市に転入し、1歳半頃ことばが消失している。2歳児健診では「有意味語がない」という主訴が母親からあり、継続的な相談が始まった。最終的に2歳6か月で障害があると判断され、療育教室と保育園を利用し、形式的ではあるが一定の有意味語や可逆の指さしを獲得して就学した。
　保育園1年目は一対一の介助を要す状態で、集団活動において生活のリズムを整えることが課題であった。4歳ごろになると話しことばも明瞭度を増

し、クレーン様のしぐさだけでなく指さしもあった。生活面での確立が少しずつできてきたが表情のかたさはあまり変化がなかった。その後、5歳ごろには再び生活リズムがくずれ、ことばの数も減っている。

認知面がある程度高かったことから1人でできることが多く、逆に周囲の人と交流することは少なかった。共感、成就感の素地作りとして、例えば体を預けての密接なかかわりを重視するなど遊びの要求を自らが広げられるような力をつけるというような手だてはあまり意識されていなかった。

②学校での姿

引き続き小学部時代も生活リズムが乱れがちだった。高学年では、A養護学校の小学部で縦割りの集団編成が学年進行制に変わるなど教育課程見直しの過渡期の最中であったこともあってか、集団に入りきれず探索行動も多かった。中学部時代はテレビの時代劇の番組に強い興味を示し、時代劇のパンフレットを収集したり、セリフをまねるなどしていた。また母親に甘える一方で、それまでの母親の指示に素直に従うという姿よりも、本人の"〜したい"という主張が目立ちはじめ、生活の主導権を持つようになり、母親に反抗するというような姿が顕著になってきた。

こうした中で、買い物のルールが身につかないままお金を払わずに食事をしてしまったり、ほしい物を勝手に手に入れてしまうこともあり、社会的規範の習得や生活リズムの確立が家庭との連携の中でずっと課題になっていた。そうした行動が何の前触れもなく、突然意の向くままはじまるため、事前に留意することができず、結果的には次々発生する問題への対策にとどまりがちであった。

高等部入学後、気に入ったタオルを手放さず、常時身近に置く姿が見られるようになり、その洗濯も拒む時期があったが、高等部3年生頃には次第に目立たなくなっていった。学年が進むにつれ作業や実習が多くなり、それらが一つひとつ完結することが楽しいようで、物を作る仕事はうまく参加することができた。また作業の中でちょっとした自分の好きな物、例えばマークなどとの関連にかかわっての声かけなどがあると喜々として作業にむかえる姿もあった。

③作業所での姿

　社会的規範の習得や生活リズムの確立などの課題を持ちながらも「完結型の仕事」も楽しみつつ参加できる面があったので、適度な仕事をする環境があるところということを念頭において卒業後の進路が検討され、最終的に先輩も何人か入所しているため、親も安心できるK作業所に入所する。

　1年目は仕事の適性を把握することが主で、家電部品の下請け、さをり織り、ちぎり絵など試すが、ロッキングをしたり缶を叩いて遊んだりと落ち着かず、定着しなかった。その中で連続して集中するのではないが、色遊びができて、自分で色などを工夫しながら結び織りに向かえるようになる。好きな色を選び、好きなパターンを続け一段ごとに進めて行くことに自分の思いをこめている姿からである。一方この時期、好きな時代劇のつもりではあるが、それがこうじて仲間を針でつつくことなどがあって問題となる。

　2年目、焚火やゴミ燃やしに興味を持ち、配慮を要することが出てきたが、散歩やリズム体操などを作業の中に取り入れ、作業所での日課を変える中で指導員とのかかわりを楽しめるようにもなってきた。しかし、その後帰宅途中で行方不明になったり、お金を持たずに店の物を注文してしまうなどが、目立ち始める。きっかけは自分の興味、特に食事に結びついてが多くそういう意味では目的的であるが、その見通しは片道だけで「行きたい」「食べたい」というつもりだけが先行して行動してしまっているようであり、これらをどうとらえ指導してゆくかが検討課題ともなっている。

事例D

①就学までの経過と小学校での姿

　就学前は5歳から保育所に入所。このころ、プレイセラピーを受ける。小学校に入学するが小学校2年生2学期に転入、校区の情緒障害児学級に入級する。小学校時代はよく教室を飛び出し、プールに行ったり運動場にある砂山に登ったりしていた。「～しよう」や「～はだめ」など担任の指示にほとんど従えず、自分の興味を持ったことにひたすら固執するという様子だった。逆に徐々に担任との関係ができてくると、担任以外の人の言うことをきかなくなってしまい、本人と関係のある人と意志疎通が図れるということを第一

の課題としていた。小学校卒業後、Ａ養護学校中学部に入学した。

②Ａ養護学校での姿
　中学部では自分の興味のあることは何としてもやり遂げようとするエネルギッシュな姿を見せる反面、気持ちの向かないことはなかなかやろうとはせず、「してはいけないこと」や「今すべきこと」をはっきり示し、場面をしっかり理解させていくこと、ことばでのやりとりも可能なので主としてことばかけで、集団の流れに参加できるようになることが中心課題とされた。
　特に、関心のあることをとりあげると、活動への参加が少しずつ長くなって一連の活動として成り立ったという印象があり、高等部時代は活動への気持ちの切り替えや皆と一緒に行動するという点を課題とし、「○○と××とどっちにする？」というように、これから何をするかについて意識できるような支えを重視した。
　さをり織りでも、「プール楽しかったね」「新幹線乗ったね」というような楽しい思い出の話しを支えにしつつ、お気に入りの色の糸をふんだんに使えるというような条件があると取り組めた。
　また、目新しいことにも興味が持てて、新たに好きになって凝り出したこともある。例えば中学部で取り組んだ自転車や調理は新たな興味の対象となり、高等部でも家でもケーキやカレーなど、自分で工夫し楽しみながら作る姿も見られた。
　またもともとある種の感覚への抵抗（特に触覚）があったが、次第にその表し方が変わってきた。例えば、グラウンドでのランニングは嫌がっていたのだが体育館でなら走れる。運動そのものへの苦手意識というより、むしろ柔らかい土の上を走る際の感覚への抵抗が原因していたようである。また椅子に座る時にも座面の感触を試してなかなか座れなかったこともあったほどであったが、高等部時代にはそうした抵抗のある感触を回避しながらも違う形でとりくめるようになっていった。例えば、自分を猫になぞらえて「猫さん走る」と言いながらマラソンに参加するなどの姿が印象的であった。
　一方、勝手に外出して迷子になるなどが中学部の半ばから目立つようになってきた。Ｄの場合、過去の楽しかった思い出につながる出来事がきっか

けになって、その思い出の追体験を試みようと一人で出かけて最終的に迷子になってしまう。例えば、学校のプールでの授業を経験した直後、電車を乗り継ぎ、以前通っていた京都の学校のプールまで行ったり、以前乗った経験がある新幹線に乗りに行こうとしたりした。このようなことが繰り返されるので、例えば新幹線の話題がひきがねにならないかと心配し、Dがこの話題を出すと「勝手に行ったらだめだよ」と注意するなどしていた。Dも自ら「勝手に行ったら?」と確かめるように質問し、教師が「あかん」と答えるのを待って、「アカン、アカン」と自分も言うなど、むしろそのやりとりを楽しんでいる様子だった。

こうしたやりとりに見られるように、話しことばは中学部時代から高等部時代にかけて名詞から形容詞、動詞、助詞と広がって、それとともに気持ちや感じたことなどを何かになぞらえたり自分の行動を制御していくとっかかりにしたりしてきて、おとなとのかかわりの中でもことば遊びをしながらやりとりを楽しむ姿が多く見られた。

進路決定にあたっては、両親も参加していた作業所づくりの運動が実ってY作業所が開所する年が卒業の年であったので、本人の興味を充足しつつ、作業的には手が器用で宛名シール貼りや紙折りなどもできることを期待して、Y作業所に入所することになった。

③作業所での姿

入所当初は指導者との関係をつくることから始め、養護学校時代に目立っていた「失踪」にも気を配っていたが、休憩中などでも出かける気配もなく、作業面でも箱折りにしっかり取り組めていた。

作業所では、作業とともに散歩や身体を使った活動を保障するための療育グループにも属した。この療育グループで実施している散歩では、はじめはその意味がつかみにくかったのか怒ったりしていたが、公園に行くとブランコを楽しんだりするようになった。作業とともに療育グループでの活動も含まれるので週の活動予定はかなり複雑だが、それを本人は把握しているように見える。朝の会で出された1日の予定について、必ずつもりを持っている。あまり興味のなかった体操も自分なりのダンスなどをおりまぜつつ得意な部

分では皆の動きをまねようとする姿も見られるようになってきた。

いわゆる失踪についても、作業所になれてくると再び見られるようになってきたが、「Dさん散歩行きます」と自分で言ってから出かけるなど、一応本人の意思を周囲に伝えてから出かけようとする。以前のようにそれが頻繁に繰り返されることは減っている。ただ、一方で、直接の原因がわからないまま、不眠や自傷（腕噛み）がひどくなり、またほとんど毎日、急に不機嫌になってイライラし、大声を出すことが見られ、原因や対応について検討中である。

④事例C、Dの検討からの考察
　発達的に持てる力をどう見るのか。──自我の確立、要求の出し方とかかわっての検討

　事例Cについては、あまり集団の中で積極的に他者に関わるような姿が見られず小学部低学年には自傷行為も出てくるなど、他者との関係で自己を意識するというような点が未分化な印象を受けたが、その後中学部ころからの時代劇を材料にしたつもり遊びを媒介にして他者とのやりとりが広がってきた。さらに母親への自己主張が強まり、また"心の杖"と思われる、タオルへのこだわりが、高等部入学後にみられ、中学部から高等部にかけて、他者を意識しつつ自我を誕生させてきた、といえるだろう。

　事例Dについては、例えば自分のからだに起きている変化について気にしたり、「D（自分の名前）〜します」といった話し方をすること、「猫さんはしる！」と言ってランニングに参加するなど自分を猫になぞらえながら抵抗があることに向かおうとしていることなどから、自我が誕生し、対象としての自我を確立しつつある様子もうかがえる。すなわち自分がおかれている状況を言語化することで自分自身を意識化したり自分のおかれている状況を把握し、自分の行動を主体的にコントロールしようとする面もあったのではないかと思われる。

　一方、自分のしたことや自分がしようとしていることと、自分に要求されていることの間の開きについての現実吟味が周囲の人と充分に展開できず、そうした試みが自己を変えてゆくような方向に向かわず散逸的なものにとど

まっていて、自他の思いのずれを埋めるためになされる相手とのやり取りやかけひきを楽しんで終わることが多かった。このため「なぜしなければいけないか」「どうしてしかられたか」といった理由についても迫りにくい状況が多かった。

集団内での要求の出し方についてWingら（1979）によれば一般的に自閉症の人は集団からの〈孤立〉型から〈受動〉型へ、そして〈積極的だが奇異〉型となるといわれる。これらの事例から推測すると、〈受動〉型から〈積極的だが奇異〉型への行動の変化は、自閉症児特有の自我の誕生から自我が確立していく過程なのではないかと思われる。すなわち、今自分はどうあるべきかということと結びつけては意識せずに要求をすぐに行動に移している（お店でお金も払わず食事をしてしまったり、失踪するなど）ような自閉症特有の「問題行動」を自我の確立過程の問題として捉え、その対処方法を再検討してみる必要があると考える。

また、こうした行為が他者との関係を持ちつつ引き起こされることが多く、その時々の集団の安定性などにも影響されると思われる。実際、両者とも他者とのかかわりについて、自我が誕生し確立し始めた中学部から高等部時代を自閉性障害の仲間ばかりの中で過ごし、対等の関係（集団）の中でつもりを共有しながら、そうしたつもりを実らせあるいは互いにぶつかり合うような経験が充分に積み上げられてこなかったという点にも留意が必要であろう。

事例Dは教師などにかかわりを求めてやりとり遊びを楽しむことが多く、また、ことばでのやりとり遊びを楽しみながら、その中で自分のつもりを出している姿からもうかがえる。新幹線の話題も、単なる世間話ではなく、楽しい経験づくりへの期待であり、それをかなえたいという強い願いがあったとも考えられる。

なお、事例Cはおとなと断片的なやりとり遊びを身につけてはいるか、自分のつもりを相手に適切に伝えられるまでには至っていない。

こうした要求とその出し方の違いは、集団の中でつもりを実らせぶつかり合わせる場合に、実践上一つの分岐点となっており、要求の質をどう高め集団の中に返してゆくのかが検討課題となっているのではないだろうか。

自我の確立の課題ともかかわっての行動の問題の検討と生活上の充実感について

　行動がどんどん広範囲になるため、いわゆる失踪や店でお金を払わず食事をしてしまうなどは大きな問題となりやすい。だが、自分の身の回りにおこることを現実吟味の対象とすることで社会的規範への気づきと自制心へとつなげることを課題とする人たちにとって、そうした彼らの教育上の必要性を理解しつつも、周囲に及ぼす波紋の大きさへの対処としてまず機械的にそれを無くそうとしたり、社会的規範からの逸脱などをもって問題に対処せざるを得ないことに実践的なジレンマが生じる。

　失踪の対応として指導者は、単に我慢させたり、いけないこととして把握させようといった点から本人に迫ることはせずに対応をしてきた。また買い物や水遊びを取り入れるなどしてきたが、単なる欲求を満たすというだけではなく、その背景を見抜くことが課題でなかったか。例えば、事例Dの場合本人の希望について約束して実現することで楽しむ姿も見られたことから、約束により周囲の人と見通しや期待感を共有することを大切にすべきだとも言えるだろう。いわば自律につながる要求として、それらを受けとめはぐくむ手立てが求められていたのではないだろうか。

　また視点を変えて、これらを、問題行動ではなく、日々の生活の中で培われ、自我が確立していく過程における新たな主体的要求ととらえることはできないだろうか。事例Dは一度乗った新幹線が気に入り、その後何度となく一人で乗ろうと駅まで出かけている。こうしたことから、実現の見通しもなくこの新幹線の話題を出すことは本人に刺激となってしまうのではないかという見方もあった。しかしこの話題を通してやりとりを楽しむこともできたし、卒業後に作業所の仲間とともに乗車した際には周囲の人と実になごやかに余裕を持って楽しむこともできている。失踪に対し、その兆候を把握し、対処方法を講じることが優先されがちであるが、こだわりととらえるのではなく、思い出を持てる発達的な高まりと情緒的な豊かさに着目し、誰とどんな風に過ごした中の何が楽しかったのか、その文脈をたどれるような深まり、あるいはその雰囲気を人と共有できるような経験の積み上げ方や振り返り方を大切にし、こうした経験の意味づけをすることこそ大切なのだろう。

労働にどうむかうのか──自由度の高さと工夫の必要性

　自閉性障害を持っていてともすれば操作的課題に対する能力の高さがあり、かつ発達的には自分の行為の結果を、つもりが実るという過程として楽しめるこの事例CやDのような人たちにとっては、作業自体の楽しさや達成感を共有することは可能である。しかし、労働の社会的価値やその意味の認識や了解などは困難である。

　一つひとつの活動の主体として自己を意識し、そのような目で生活や労働に参加しはじめている人たちにとっては、むしろ自分自身のつもりを意識化できその活動の手応えを豊かにし要求をふくらませていくことに、実践上の課題が存在するのではないか。

　つまり、自我が誕生してはいても共同した集団的活動を充分に蓄積せず、自我の確立が不充分な状況の中では、作業として複雑なことが可能であっても、自己の労働を社会的意味や価値という点からとらえる基盤が狭く、そうした労働場面での課題性を正面からとらえて労働することは、まだ困難である。そのため、労働場面で自己に要求されることが外在的なものにとどまりやすく、作業の出来不出来が、あたかも自己の人格全体に関わるような評価として受け止められてしまう。

　したがってこのような段階にあっては、課題性の強くない自由度の高さを持つ労働や作業内容の必要性について留意されなければならないだろう。ことに下請け作業の場合には、彼らにとって作業の持つ課題性の背景にある意味や意図（例えば使用価値など）を把握しにくい工程上の仕様が多い。これに対し、さをり織りや焼き物など制作活動などは使用価値などからも一定離れることが可能である。こうした自由度の高さを持つ制作活動などは人格的意味と結びついてこそ社会的価値が生じる。逆にこうした作業を通じて、共同で目標を持ちそれを達成するという経験を積むことが、満足感、成就感を味わう労働の場での生活づくりの重要な基盤の一つとなるだろう。さらにこの過程が他者との関係の中で肯定的に自己をとらえる力をひろげてゆくことにもなると考えられるのである。

学校から社会への移行——労働への向かい方

　以上のような意味を持つ労働の場を進路指導の一貫として経験することになる作業学習や実習は、おとなに一歩近づいた自分を実感できたり、教師には新しい生徒の特性を発見してゆくきっかけとなる場である。進路指導にあたっては「就労のため」「就労の条件を広げる」という目先の課題にとどまらず、実践上何を意識化していくのかの検討が必要である。例えば、事例Cが指示に従って陶工作業を進め、時代劇の話題で息抜きしていた作業場面よりは、好きなマークをイメージした自分なりの模様デザインを楽しみつつそれに参加できるような支えや、あるいは事例Dが修学旅行で訪れた沖縄の海の色を意識して鮮やかなブルーの織物を仕上げることを一緒に楽しみながら進めるというような、表現の幅や要求を広げるような教材・素材の検討が求められているだろう。

　労働場面では、一面では有用性や継続性などが要求されるが、そうした課題性を積極的に受け止めるために、それにむけた内面の働きが不可欠である。それが可能になるまでの人たちにとっては先に述べたような自由度の高さを持つ制作活動などの重要性が見いだされる。それらは学校の中でこそダイナミックに展開可能であり、多面的な表現活動への興味や意欲を広げておくことが重要であろう。

　Ⅲグループ：ことば（話しことば、書きことば）によるコミュニケーションか可能で作業能力が比較的高い一方生活の中での主体性の発揮が課題となっている事例

事例E
①就学前の姿

　生後10か月でイナイイナイバーなどの模倣があったが1歳すぎから消失し、1歳半頃から家族が心配し始めた。ただ、2歳ごろにはブーブー、ウマウマなどの哺語や母親への愛着行動があった。2歳児健診で障害があると判断され、3歳に脳波検査を受け、脳波異常があり一時服薬をしたが、臨床発作は見られなかった。

3歳児で保育園に入園した当初は、保育室の椅子に落ち着いて座ることができず、園庭を走り回る、というような姿が目立っていた。4歳児になって、無目的なうろうろではなく探索行動のようになってはきたが、引き続き動き回ることは多かった。ようやく4歳児の後半ころから落ち着きが出てきて、保育者の指示が受け入れられるようになり、例えば「待っててね」と言われて待てるようになるなど行動面で変化が見られるようになってきた。この頃より偏食（白ご飯を食べること）の改善に取り組み、1～2か月で「これを食べたら〜しよう」と約束することで食べられるようにもなった。友だち関係は持ちにくいが保育者との関係は成立して、叱られると"ゴメン"の仕草をしたり、遠足に行った後に絵（簡単な人物画）を描いたり、発表会でリズムに合わせてシンバルを鳴らせるなど、表現の方法やその内容の育ちが顕著だった。

　保育園では、ダイナミックに遊べることを大切に取り組んだが、Eの方から人にむけて出される細かいサインをうけとめ人と交流する基盤を広げる、という課題に充分迫れなかった。

②学校での姿

　小学校は障害児学級に入学し、A養護学校には中学部から編入した。中学部時代は偏食以外は基本的生活習慣についてあまり問題が感じられなかった。作業も色々な内容が可能であった。ただ作業に参加しているものの自分の判断で作業を進めてしまうことが多く、このため言語理解を広げることが課題とされていた。また、あまり人とかかわりを持とうとせず、仲間とともに多様な経験を広げる必要性も指摘されていた。

　高等部では求められている課題に対してじっくりととりくめなかったり、引き続き作業に対する自分なりのとらえ方をしてしまい、その修正ができにくいことなどが課題となっていた。しかし、結果的には彼なりの方法で作業などができてしまうので周囲は「できる」「力がある」と評価しがちで、指導者側の意図と調整ができていくような働きかけがあまり考慮されず、むしろ簡潔な指示により明確に行動で結果を出すことを求めていたのではないかという反省が残る。

中学部から高等部にかけての遊びなどからうかがわれた興味の対象は、調理、通学の延長の電車遊び、ビンやどんぶり割り遊び、ゴミ燃やし、漢字書き、一輪車乗り、などであった。また人が騒いでいると、それを見に行き楽しむやじ馬的な行動もよく見られた。特に壊したり燃やすことは高等部に入ったころに多くなった。本人にとっては感情的な欲求のはけ口として破壊的な行動をとっていたというより、実験のようにして自分の意図を試して行く遊びのように見えた。そのためか特に他に理由がなくても興味を覚えたら試さずにいられないというようなことが多かった。例えば、自分で漢字を作ってその変化を楽しみ人に確かめたり、人が騒ぐ姿を楽しむというようなこともその延長線上の行動ともいえるが、それらを題材に自分の意図や感情と他者の感情を比べる行動として受け止めるべきだったのではないかとも考えられる。

③作業所での姿
　卒業後入所したM作業所での姿
　卒業1年前から実習に母親と通い、ねじしめ作業などでは高い操作性を発揮して、特に問題はなかった。このことから企業就労も念頭に置いて作業重視のM作業所を利用することになり、その後1人での通所となった。そこでは作業面で自分のやりかたを通そうとし始め、同時に通所途上バスの料金箱に紙屑などをいれて試す遊びなどが出てくる。夏頃から休憩時に友だちや指導者の肩をたたいて追いかけてもらって楽しむなど、集団になじむ姿も見られるようになってきたが、こだわりも強くなっていった。例えば仲間に自分の作業の手順を強要することが度重なりそれが周囲の反発をうけ、それに腹を立てて椅子をガラスに投げて割るなども始まる。
　小人数の作業集団にすることで仲間とのトラブルは減るが、ガラス割りは一向におさまらず、むしろ割れたガラスを足でこなごなにするなど、憤りをガラスにぶつけるというより、遊びという性格がうかがえた。作業所内の旅行を目標にして我慢するよう伝えると一旦はおさまるがやはり同じようなことが繰り返され、通所の制限などを強めることになる。その結果、作業所では減ったものの今度は駅のガラスを割ることがあり、自宅待機となる。本人

は作業所に行きたい気持ちもあり作業所はそれを受け止める方向で考えるが、家庭からの心配があり退所となる。

Eにとってのつもりを他の仲間に強要したことが仲間集団との軋轢のもととなり、結果ガラス割りの行為につながり、またそこに遊びの要素が加わって事が重大化していってしまったと言えよう。

再入所したK作業所での姿

こうした経過から、199X年5月にM作業所を退所し半年間自宅での生活となる。その後、知り合いの多いK作業所に見学から始め、母親同伴で慎重に通所を始めたが、大きな問題なく1人で通っている。週に1回の粘土の造形活動や週2回の散歩、月に1回の行事以外はさをり織りに取り組む。さをり織りの一連の工程は理解しており、とりあえず周囲から新しい手法を入れることなどは急がずに本人のペースで取り組むことを大切にして、それを製品化する方法をとっている。休憩ばかりしている時に「お給料がもらえなくなるのとちがう？」と声かけされると慌てて織り機に向かう姿もあるが、お給料自体については母親に渡すだけで、実質の目標とはなり得ていないように見える。また、作業所で取り組んでいる散歩などには喜々として出かけている。

他にゴミ集めやアイロンかけ、食器洗いを好んで参加する。調理の際、ビンを割ってしまい、そのことがきっかけで割ることを思い出したようで、わざとビンを割ることが2、3度続いた。また白ご飯を食べない、時間を気にするなどの行動は引き続き見られるが、いずれも作業所での生活に大きな支障にはなっておらず、人とのかかわりでも追いかけっこを誘いかける人（職員）ができ、隠れているところをみつけて喜ぶなどして楽しんでいる。

事例F

①就学前の姿

出生時には吸引分娩だったが、その他の問題はなかった。2歳6か月児健診時より継続相談がなされていたが、当初は多動傾向はあるものの、自閉性障害の範疇には入りにくいと思われた。しかし3歳半ごろからことばは増え

ていったものの、主客が転倒したり、指さしで表現できていたことがクレーン現象様になったりと発達の後退やずれの拡大が見られるようになった。全体的には、人に対してひきこもるというより抵抗や構えが強いようで、その後も何回かの発達のくずれがみられた。

　幼稚園入園に際しては、生活面ではほぼ自立しており、体制として障害児への加配もなかったが、さして大きな問題にはならなかった。また、幼稚園の時期にも多動な時期があったとはいうものの、一度経験したことを再体験しようとするかのように、何かを求めて行動したり、探索するというよりは園内で居場所をさがしてウロウロするといった姿からだった。

②学校での姿

　地元の小学校卒業後、F養護学校中学部に入学した。一見おとなしそうで"指導しやすい"といった印象を持ったが、"わかっているようでわかっていない""何を考えているのかと疑問に感じることも多くあり、中学部時代には特に目的意識がはっきりと持てることを課題としていた。一方で居眠りがあったり、ボンヤリとしていることもよくあるなど生活リズムが整っていないと思われる姿もあった。

　高等部では、活動に対する自分なりのつもりや見通しは持て、つもりと違ったことを強いられたり修正されると過剰に反応したり、時間割を何度も確かめるなど、つもりとあっているのかどうかを執拗に確かめる姿があった。日記などを見る限り、周囲の出来事や1日の生活はこと細かく記されてはいる。しかし、活動全体の目的などよりその中の細かな一つの行為に焦点化され、そうした行為によってあたかも1日の生活が組み立てられているように感じさせられる日記である（図5-1）。

　たしかに、話しことばが持てていたり、人の名前を知っていたりしたが、まだ相手のことばの脈絡をしっかりと理解し自分の思いをこめて交流するような状態ではなかった。ところが、「○○さんにあげるの」や「△△先生待ってるの」などと自分の気持ちを表現する場面もあり、会話の中での意図をきちんと交流できているものとみなしてしまい、つい全体的に高い課題を提起し、混乱させていたのではないかという反省もされる。指示を受け

止めているようでいて、急に感情が高ぶったり、急にボーッと壁に向かってしまうなどの行動も、ひとつにはこのことが原因で、課題や指示にきちんと納得して対処しきれず、不適応状態になっていたのかも知れない。

一方、新しいことや難しいことにぶつかった時の姿として例えば体育の鉄棒では自分から何度も挑戦し、ぎこちないなりにやり遂げようとする姿があり、その時は楽しみつつ一所懸命向かう姿があった。このように挑戦している自分が誇りと思えることが実践として必要なのではないかとも感じさせ、ある意味では青年期らしさを感じさせる場面ともとらえられた。

> 2月6日木よう日てんきくもり
> きょうは、たいくかんのそうじきれいにふきました、マラソンなしですホップステップジャンプをしました。うたえたよなつぎはきゅうしょくにかかりました、いつものおりにつきました、あくびをした『しました。まったくっしゃをしました、とりつきました、いまミンナトイッショウニじゅーすアキカンをはこびました、かついでいきました。はいっとわかりました、すぐにかいりました、すごくかったしゃつをかけたりしました』
> Fも、フトンをひいたりしました。ゆっくりしました。めをふさいだりしました。グワグワトだしました。ようくなれたりします。

図5-1 ふだんのある一日のようすを書いた日記

作業的な学習については、学校でねじしめ作業に取り組んだ際、小さなねじのしめ具合に留意できるなど操作性はある程度高いと見られた。しかし、作業所での実習では確かに細かな作業もできるものの、効率については意識できず、効率の良いやり方を指示されても、自分なりに手順を工夫して進めるので能率が上がりにくかった。

③作業所での姿

199X年4月から、自分で通える所で、さらに作業的な課題の充足をはかることができるW作業所に入所した。

入所当初は生活に慣れないため精神的な不安定さが目立ち何回か仲間とトラブルがあったが、その後他の仲間からの声かけなどもあり徐々に落ち着けるようになった。この頃からボルト組み立てなどの作業の他に、牛乳パック

による紙漉きにも取り組み、一連の作業工程を習得し進められた。

　その後も、作業途中にウロウロしたり、独り言を言ったり、他の仲間から強い口調で関わられると気持ちが不安定になることが見られながらも落ち着いて通所できている。作業所へは近くの仲間の１人と一緒に手をつないで送迎バスを利用し通勤している。それ以外は指導員とのやりとりはあるものの、他の仲間とのかかわりは希薄である。

　「仕事をしたら給料がもらえる」という結びつきはわかるものの、給料を使って「〜がしたい」というような仕事の意味のとらえ方にはなっておらず、仕事を含む生活をとらえる視野の狭さも感じられた。当初仕事自体は４人で取り組み、そのうち２人は仕事と結果の見通しが持て成就感も持っているが、本人はそれについていく形で、自分で"やったという意識を持てていないようであった。仕事で材料がなくなったときに要求するなど自分のしていることへの自覚もあるものの、例えば仕事での成就感については見えにくく、先にあげた給料も使途についての要求と結びつきが少ないなど、生活全体への主体的な意識化が希薄だと思われた。その後、本人にとっての作業が再検討され、品物の包装に中心的に取り組んでいる。納品に出かけたり、作業に必要な買い物などに誘われると、「行きたい」と楽しみにしているようである。菓子作りの作業にも「やってみる」と取り組み始めた。

　また、午後には疲れて眠ってしまうことも多く気分の波もあり、家庭での不眠だけが原因と言えないようである。課題として自己の要求をできるだけ出せることと、不眠を解消するため生活リズムを整えることをあげ、医療面からの検討もされている。また初期に出ていた家庭からの企業就職の希望は、当面、現在の状態での落ち着きを望む方向へと変わったが、本人にとってどのような姿をめざすことが良いのか、どのような力をつけることが求められているのかが検討課題の一つである。

④事例Ｅ、Ｆの検討からの考察
　発達的に持てる力をどう見るのか。──他者との関係について
　２事例とも話しことばや書きことばでのやりとりが可能であり、操作性も高い。とはいうものの、その高さがステレオタイプな状況理解や他者認識に

とどまりやすいことから生じる特徴的な経過や困難がある。

　第1に、話しことばでのやりとりが可能であり、書きことばでの表現も可能であるが、行為や事象の背景にある他者の意図などについてはなかなか気づきにくく、他者の意図と自分の意図を比較して行動することも難しい。Fはある程度は他者の意図を他者の意図として汲み取れるものの、その情報を共有し、自分の意図と合わせて行動したり、自分の意図と比較して表現することの弱さを持つことが、作文からもうかがえる。「わかっているようで、わかっていない」というような印象の原因の一つはこのように自己と遊離した状況理解にあるのではないだろうか。

　第2に、このように周囲の人の意図やつもりを取り入れにくいために、それまで経験し記憶されている善悪のパターンに基づいて周囲の人との関係や生活が展開するために、自らのつもりとあわないことに対しては抵抗が強くでる。特にEは、他者が自分とは独立した心理状態を有した主体であるととらえることの弱さがあって、他者に自分のつもりを強要することにつながっているとも思える。

　第3に、2人とも操作性の高さ故に、人と相談したり援助を求めることがさして必要でない。学習でも作業の場面でも提起された課題にどんどん取り組む。たとえ取り組み方が自己流であっても、結果的にはつじつまが合う形に到達し、そうであるからなおのこと周囲から別の視点や方法を提起しにくい。そのことは、行動のパターン化を一層強くすることになる。

　しかし、このように外在的な行動の規範に振り回される状況にとどまることなく、自分で理由や筋道をたどろうとする姿もこれまでの経過を振り返る中で取り出すことができる。対象は様々であるが"実験"や"工夫"が思春期以降両者に多く見られ、彼らの共通点となっている。問題は、こうした自己のパターン的な理解への挑戦が、周囲にとって受け入れがたい状況にあることである。まずそうした行動自身が、多くの場合損失や不利益を生じさせる。同時に、操作性に着目をすると「○○ということは充分理解できているはずなのに」という評価をうけるが、そうであるからなおのこと周囲にとっては許しがたい行動に映り、軋蝶を生む。そうした行動に込められた発達的意味をくみ取りにくい、というジレンマの中にある。

このような意味でも、このEとFについては、その持てる力、すなわち発達的力量について、その操作性の高さのみに注目するのでは不充分である。相手の意図とぶつかりながら、自分の意図を調整したり、そのことを通じての多面的な他者理解を深めるといった経験をもてるような実践の検討が必要なのではなかったかと思われる。すなわち高い操作性を、潜在的な可能性として見つつ、それを主体的にコントロールする自己形成過程を重視する実践の検討が必要ではないだろうか。

労働を中心とした主体的な生活を送るための教育
　EもFも思春期の頃には基本的な生活の技能において大きな問題がなく、作業的な課題に対してはむしろ高い能力を持っていた。そして周囲はその力を認め、それを生かそうとし、企業就労を含めた将来の姿を描いていた。
　しかし、話しことばがあるために言語的なやりとりだけに頼って、つい全体的に高い課題を与え、混乱させてはいなかったか。操作性の高さがあることから一定の手順で物事に向かうことを教え込んではいなかっただろうか。その結果、作業学習場面で自分の意思を反映しきれず自分がしていることの手ごたえをつかめなくしていたとも考えられないか。卒業後の最初の作業所での姿からからわかるように、作業に関して、どちらの事例でも"できるから取り組める"といった作業では達成感は得にくい。むしろ一連の工程をまかされた上での自分なりのやり方の工夫に興味を持っており、社会的価値を意識し、それに向かって自分なりの工夫を行えるような労働の組織などが求められているともいえるだろう。
　例えばある程度決まった工程の中でも多少の自由度があり、たとえ間違うことがあっても、自分のやり方を試行錯誤し、意志を反映できるようにしておきたい。例えばEは、さをり織りなどの工夫の楽しさ、色での自分のつもりの実現をしていると言えるだろう。また、自分の行為を明確にし、仕事に主体的にとりくんでいるという手ごたえを持たせるために、例えば"ここで○○して、あっちでは△△して……"と空間を構造化するなどの工夫も必要であろう。そこで自分が挑戦していること、やっていることなどを実感し、完結したことで気持ちの上でも達成感が味わえるのではないか。　また、指

示や日課に振り回されるようにして自分の生活をくみ立てて行くのではなく、仕事や生活を自分で組み立ててゆけるような日課の工夫も必要ではないか。あるいは新しいできごとや場面に挑戦しながら、自分が成功した経験やそれが完結した手ごたえをつかむことができるような経験を組織していくことも不可欠である。そして、自分で試行錯誤したり、人と比べたり、人に相談したりする経験を組織することで、生活の主体者として、成長できるのではないかと考える。

　また、自分の労働の結果の社会的価値をどう教育していくのかも困難ではあるが重要な課題である。仕事の完結だけを目的に労働をしても、そこから得られる達成感だけでは生活全体を押し進めてゆく力にはなりにくい。自分の労働の結果がどのように社会的に評価されているのかを理解できるような工夫、すなわち、さをりであればそれを販売できたり、その作品を他者が利用している姿をみる体験を組織し、そのことを励みに、また頑張るといった体験の繰り返しのなかでこそ、社会的な自己の成長を促すことができるのではなかと思われる。そしてさらに、労働の結果得た給料を使って自分の楽しみを拡げることや、自分で余暇活動を楽しむ力を養うことも、将来の労働を中心とした主体的な生活をおくるためには重要な力であろう。

　最初の作業所での生活が、うまくいかなかったのは、そうした力が育っていなかったためであろうと思われる。労働を軸にした社会生活においては、本来社会的な価値観を周囲の人と共有しなければ越えられない部分がある。しかし、社会的な価値を理解するためには、独りよがりな点をその都度指摘されることよりも、自分の労働の結果が、社会で評価されていることを実感できる体験の積み重ねが大切なのではないかと考える。

学校から社会への移行──社会参加に必要な力

　ある程度話しことばを獲得し、見通しの力も持ててきたことをとらえて、つい仕事にどう向かえるのかを軸として学校時代の過ごし方を検討しがちであったが、この段階だからこそ、今一度豊かで主体的な社会生活に必要な力を再確認しておく必要かおるだろう。

　第1には、話しことばの獲得を通じて他者の意図をとらえ、安定したやり

とりを可能にすることである。このためには、他者の視点を持てるような働きかけとして、主客が入れかわり他者の視点に立てる場面を含む取り組みを進めるなどの手だてが豊富に必要となる。人間関係の結び方に多少の粗雑さを残したとしても、他者の意図を尊重しつつ、自己の意図を表現できることは、社会的存在として不可欠な力と言えるのである。

　第2には青年期ならではの過ごし方として、自分の力を試す経験を豊富に展開していくことである。その中で、自分の行為に対する自信や誇り、楽しみを培うことが、学校卒業後の新しい世界での生活の主体者として生きて行く基盤作りとなるのではないか。この経験の一つとし、自分の生活を豊かにする材料としての金銭の使い方や余暇活動の充実なども重要な課題となるだろう。そしてこの力は主体的な生活を送るためのエネルギーになるのではないかと推測される。

　第3に労働を中心とした生活をしていく上で、作業適性を探ることは、本人の力を生かすという意味ではもちろん重要であるが、操作性の高さに着目するだけではなく、仕事や活動における人との関係の中で、仕事によって人に認められることや、自分の技術の向上を自分自身で実感できること、自分の創意工夫が生かせ、そこに自己実現の契機を得ることのできる生活があること、自分なりの計画性や目標によって達成感を味わうことなど、どのような作業のどういった側面で本人が成就感を持てるのかという視点からもそれを探るべきである。そのことが労働に継続的に向かうための動機づけになるとも考えられる。

　以上のような視点から、学校での取り組みを考え、また、社会へと移行しても、そのことを問い続けることが次の望ましい姿への展開を生み出す支えになるのではないだろうか。

（4）事例検討全体を通して

　以上、主に発達的な力によるグループ分けの中で、その段階によって着目すべきことを考察してきた。この結果、自閉症という障害により、人格発達において、どこでもつれを生じやすいかを適切にとらえ、段階をふまえて取り組みをすすめる必要が浮き彫りになった。今回の事例では、その段階は主

に3つに分けられる。

　第1に自分の意図を持ち始める自我の誕生の段階では、時に常同行動が強まりがちな中で、ふれあい、ゆさぶりなど感情交流的な遊びのなかで、他者との共感をむすべる体験を充分に持たせ、集団行動や生活の流れの意味づけを明確にする中で、その状況にあった自分のつもりをていねいに引き出すことが重要となるだろう。特に思春期前後に自我の誕生を迎える場合は、自閉性からくる行動上の偏りや強い自己主張に結びつきやすく、これに直面した際に、本人がどのような「つもり」を持ってきているのかにまず留意すべきだろう。自閉性障害の場合、"思春期の荒れ"の存在が、このような発達的変化との関係で生じることが多いとすれば、対症療法的な対応の対象としてではなく、むしろ発達にとっては積極的な意味のあることとして、それを豊かさを持ってどう越えて行くかを実践的な課題とすることが重要になるであろう。

　第2に、自分のつもりや見通しが持て、ことばを獲得しつつある段階では、自分だけのつもりに依拠することで独走してしまい、それが周囲にとって受け入れがたい行動へとつながりかねない。自分の意図を相手との間で確認したり、試したり、相手の意図をつかみ調整できるよう、常に人を介したり、人と比べたり、モデルを見たり、意図をやりとりして活動を進め、折り合いをつける経験が充足できるように留意すべきだろう。その際、現実吟味の材料をていねいに共有する努力も求められるのではないか。

　また生活経験を重ねてきた事例では、自分の行為の結果を楽しむことも顕著になり、このことをきっかけとして自分のおかれている状況を理解したり、自我を充実させ、確立してゆく可能性も示唆された。

　第3に、すでに書きことばを獲得しつつあり、話しことばでのやりとりが可能となっていても、情報のやりとりにおいてことばが単に具体物の直接的な信号にとどまりやすく、そのために他者の意図を他者の意図としてとらえにくいため、自分の意図を他者との関係で、調整することが難しい。そこでことばでのやりとりの成立のみでわかっていると判断せず、多様な役割交代の機会を組織したり、自分の行為が相手にとってどのような結果をもたらすのかについて具体的に知る体験を組織したり、労働の結果の社会的価値を体

験的にわかるように工夫したりして、社会的な関係の理解を促す教育が必要であることがわかった。

（事例の部分は森由利子氏が主に執筆したものを高橋が一部修正した）

　この研究は、自閉性障害者の縦断的事例検討を通して青年期・成人期の発達保障のありかたを検討しようとしたものである。自閉性障害者は、その操作的能力の発達に比べて、自我の育ちに大きな遅れがみられるが、長年の保育、教育のなかで、少しずつ自我が育ち、健常の中学生、高校生と同様、この年齢段階で新しい自我が芽生えてくることがわかった。しかしその自我の芽生えは、短期的にみれば、「問題行動」の発現としかみえない場合も多く、ともすれば自我の育ちとは切り離されて、「問題行動」の直接的解消にのみ目が向けられやすい。長期的な視点にたってその育ちを検討してはじめて、彼らの自我の育ちの姿が確認できたことの意義は大きいと考える。そして、その見通しのもとに乳幼児期から青年期までに主体としての自我をどう豊かに育てられるかが、教育的課題であることも確認できた。しかも、これらの事例が、わが国で障害児保育が本格的に開始された1970年代半ばに誕生し、その中でも先進的な大津方式と呼ばれる早期療育体制の幕開けのなかで育った事例であることにも大きな意義を見いだせるのではないかと考える。

　また、この調査活動においては、発達保障の縦のネットワークづくりを模索することも重視してきた。特に自閉性障害を持つ人への指導や支援においては、自他認識の課題への分析的な留意を欠いて障害への理解不足のままとりくみが進むとどんどん問題が重なってこじれて行くことが推察されてきただけに、縦のライフサイクルに沿った指導者が集団的に理解し意志一致をはかってとりくんでいくことは、その地域の障害者支援のネットワークを形成していく上でも意義があると考える。

　本研究は、発起人として大津福祉会栗本葉子さんの参画により始められ、滋賀大学附属養護学校（当時）の森由利子先生、大津市立石山小学校（当時）、前川千秋先生を中心に、各作業所の指導員の方々、就学前の保育にかかわった方々、他各関係機関の多くの方々に、話題提供や貴重な資料提供のご協力をいただき、人間発達研究所の共同研究（1996年度〜1997年度）として実施

されたものに筆者も参画する機会を得、その研究結果を加筆・修正したものである。事例を提供し、検討してこられた先生方に敬意と感謝の意をここに記しておく。

参考文献

麻生　武　1985『自己意識の成長　児童心理学の進歩』金子書房、pp.163-187。
Baron-Cohen, S., 1989, "Joint. attention deficitsin autism : Towards a cognitive analysis." *Development & Psychology*, pp.185-189.
別府　哲　1994 a「話し言葉をもたない自閉性障害幼児における特定の相手の形成の発達」『教育心理学研究』42（2）。
別府　哲　1994 b「自閉症児の joint attenrion 行動の発達と障害」『岐阜大学教育学部研究報告』人文科学43（1）、pp.147-155。
Dalwson. F. G., 1989, *Autism: Nature, Diagnosis,and Tretment,* Guilford Press.（野村東助・清水康夫監訳『自閉症：その本態、診断及び治療』1994　日本文化科学社）
藤本文朗監修、坂井清泰・小畑耕作編著　1999『青年期の進路を拓く』かもがわ出版。
原田裕志・柴田香苗・藤本文朗　1983「話しことばをもたない自閉性障害児のあそびの指導（1）」『滋賀大学教育研究所紀要第17号』
Hobson, P., 1989, "On sharing experiences", *Development & Psychology, 1*, pp.197-203.
Hobson, R. P., 1994,「認知を越えて──自閉症の理論──」Dalwson, F. G., 1989, *Autism: Nature, Diagnosis, and Treatment,* Guilford Press（野村東助・清水康夫監訳　1994『自閉症：その本態、診断及び治療』第2章、pp. 21-46、日本文化科学社）
窪島務・三科哲治・森下勇編著　1993『自閉症児と学校教育』全国障害者問題研究会出版部。
Lord, C., 1984, "Development of peer relations in children with autism." In Morrison, F. Lord, C. & Keating, D.（Eds.）*Applied Developmental Psychology, 1,* Academic Press, New York. pp.166-230.
Mundy, P., Sigman, M., & Kasari. C., 1993, The theory of mind and joint-attention deficits in autism. In Baron-Cohen（Eds.）pp.181-203.
Mundy, P, Sigman, M., 1994,「自閉症児の社会的障害の本態について」Dalwson, F. G., 1989, *Autism: Nature, Diagnosis, and Treatment,* Guilford Press（野村東助・清水康夫監訳　1994『自閉症：その本態、診断及び治療』第1章、pp.3-19、日本文化科学社）
中村隆一　1979「自閉的傾向の早期発見について」『障害者問題研究　18号』全

国障害者問題研究会出版部。
野村東助・伊藤英夫・伊藤良子編　1992『自閉症児の言語指導』学苑社。
大久保哲夫・渡部昭男編著　1993『障害児教育　基礎と実践』全国障害者問題研究会出版部。
滋賀大学附属養護学校　1997『平成9年度滋賀大学　附属養護学校研究紀要』
Sigman, M., Vngerer, J., Mundy, P., & Sherman, T., 1987, "Cognition in autistic children." In D. Cohen, A. Donnellan, & R. Paul (Eds.), *Handbook of autism and atypical developmental disorders,* pp.103-120, New York, Wiley.
清水貞夫・玉村公二彦　1997『障害児教育の教育課程・方法』培風館。
杉山登志郎・原　仁著　1991『教師のためのやさしい精神・神経医学』学習研究社。
高橋　実　1996「青年期自閉症者の自己認知と社会的行動」『人間発達研究所紀要第10号』pp.77-93。
高橋　実・森由利子・前川千秋　1999「成人期自閉症の後方視的研究」『人間発達研究所紀要第2号』pp.40-73。
Wetherby, A. M. & Prutting. C. A., 1984, "Profiles of Communicative and Cognitive-Social Abilities." In *Autistic Children Journal of Speech and Hearing Research Vol.27(3),* pp.64-377.
Wing, L. & Gould, J., 1979, "Severe impairments of social interaction and associated abnormalities in children: Epidemiology and classifi-ation." *Journal of Autism and Developmental Disabilities, 9,* pp.11-29.
百合本仁子　1981「1歳児における鏡像の自己認知の発達」『教育心理学研究29（3）』

第6章 発達に困難をかかえた人の生涯発達を保障する地域生活支援の事例と課題

1．生涯を見通した地域生活支援の事例

（1）我が国の知的障害者グループホーム制度のモデルとなった北海道伊達市の地域生活支援

グループホームへの聞き取り調査（1990年）

　札幌から特急で2時間余、引き込み線の向こうに備蓄タンク、赤茶けたクレーンが連なる室蘭の街を過ぎると、いくつかの短いトンネルを抜け、急に青い海原が見渡せる海岸線に出る。右側には丘陵に向かってなだらかな斜面になった田園風景が広がる。

　野菜の生産を基幹産業とする静かな街、北海道伊達市。人口3万5千人の小じんまりしたこの街に、生活寮やグループホーム、障害者専用下宿、一人住まいのアパートなどさまざまな形態でなんと161人もの知的障害者が一般住居で生活し、正規雇用、準雇用という形態で一般企業で働いているという。

　その1つ、元町生活寮を訪ねた。街のほぼ中心の閑静な住宅街の4LDKで、サンルームつきのしっかりしたつくりの家。玄関を入ると、中・重度の知的障害と思われる4人の男性が、ランニングに半ズボンといったくつろいだ雰囲気でゆったりとテレビを見ていた。同行していただいた太陽の園希望ヶ丘学園職員の佐々木さんと居間に上がらせてもらうと、やや緊張した雰囲気で迎えてくれた。

「ここの生活はどう？」
「ここのほうが店が近いし、買い物に行ける」
「（学園の時は）早く寝ろと言われた」
「日曜日はどうしてる？」

「買い物行ったり………トイレットペーパーとか粉せっけん、歯みがき粉とか……」
「仕事はどう？」
「楽しいです」
　リーダー格の金子さん（39歳）がまじめに答えてくれる。
「（買い物は）ひとりで行くの？」
　ダウン症らしい村松さん（38歳）に目を向けると、しきりに表情で答えてくれようとしているが言葉が出てこない。そこで、隣りで黙って正座したままの岡田さん（38歳）にたずねると、恥ずかしそうに頭をかかえながらも、しっかりと指を一本差しだして答えてくれた。
「皿洗いや洗濯は？」
「当番決めてまとめてやる」
「お酒は飲むことある？」
「お酒は自分で買ってときどき飲む」
　おしゃべり好きの小林さん（37歳）はたどたどしいがしっかりと答えてくれた。

地域生活支援の現状

　彼らは、近所に住む主婦山田さんの一日６時間契約の援助を受けつつ生活し、街北側の丘陵に広がる道内有数の養鶏場で働いている。朝、夕の食事の仕たく、大きな衣類の洗濯、新しい衣類等の購入、通院の付き添い、お金の管理、仲間どうしのいざこざの解決、一人ひとりの悩みをじっくり聞いてやることなど、山田さんの役目は多様である。彼らにとって、山田さんは母親に近い存在のようだ。それだけに、言うことをすぐに聞かなかったりするときもある。しかし、そこが施設よりずっと家庭に近いところであり、彼らが一様に「（学園には）戻りたくない」とはっきりと訴えるひとつの要因なのかもしれない。
　仲間どうしのけんかは、「しない日がないくらい」であり、朝食のあと彼らの気持ちを整えてやり、気持ちよく職場に送りだしてやることも大切な仕事である。しかし、そうした努力にもかかわらず、この五月、岡田さんが不

第6章　発達に困難をかかえた人の生涯発達を保障する地域生活支援の事例と課題　181

安定な状態になり、どうしても仕事に行かないと言いだした。障害者の世話をするのは初めてだった山田さんにとって、このときばかりは自信を失ったという。

こうしたとき支えになるのが、北海道立太陽の園（以下学園）の職員である。日頃から頻繁に寮を訪問し、仲間に声をかけ、世話人さんの話を十分に聞いている。それでも、解決しない場合は、学園の職員が生活援助にあたっている希望ホーム（学園では地域生活トレーニングホームと呼び、学園生7～8名が入居している）で再訓練をはかることになる。

岡田さんも希望ホームに3週間いたが、早く生活寮に帰りたいという思いと、学園には戻りたくないという思いとで一心にがんばり、再び戻ってきた。しかし、まだまだ、不安定な時もあると言う。山田さんの気苦労はなかなか尽きることがない。

こうした問題は、どこのホームにもあることなのだろう。彼ら一人ひとりの人生の波風をしっかり受けとめ、地域生活を支えているのが、世話人さん、巡回する職員、希望ホーム間の絶妙なチームワークである。

さらにまた、交通機関のない彼らの職場までの通勤を支えるのは別のボランティアである。7時40分出勤、16時40分の帰宅。ひとり9ヵ月の道の通勤援助制度を順番にうまく活用し、制度終了後は4人の給料から車のガソリン代を負担する。

「あたりまえの生活」が生きる意欲を生む。市街、内浦湾を一望に見渡せる丘陵の中腹に彼らの働く養鶏場がある。事務所から少し上がった倉庫に積まれたチックプレート（ブロイラーに餌を与えるための皿）を水槽できれいに洗うのが彼らの仕事である。以前はパートの職員が行なっていた仕事だったが、学園の就労担当である千葉さんの熱心な要請により、好意でゆずってもらった。倉庫の隅に、彼ら専用の休憩所をつくってもらい、4人だけで仕事をする。唯一時計が読める金子さんの合図でときどき休憩をとりながら、一日3,450枚のプレートを洗う。能率のよい人であれば一人で十分できる仕事である。

職員はときどき点検に来て、不十分なところを教える程度であるが、最初の年は、季節の変わり目などにふらっと坂を下っていなくなるなど、ハプニ

ングもあったらしい。しかし、今では職員ともうちとけ、休みにはバレーボール、キャッチボールなどみんなで楽しむ。ときどき行なうカラオケ大会では、ひょうきんな彼らは人気者である。こうしたなかで、言語が不明瞭だった村松さんがある日突然、「おはよう」とはっきりあいさつができるようになり、職員一同びっくりしたと言う。

「せめて5年はがんばらなければ」という金子さんの口癖を山田さんから聞いた社長さんから、昨年は4人そろって3年勤続の表彰をしてもらった。寮の居間に飾ってある4枚の表彰状は、彼らにとって何よりの励みであり誇りであるようだ。

彼らの給料は3万円前後、年金と併せて10万円前後で暮らしている。お金の計算のできる金子さんは月4千円、他の3人は週千円ずつ山田さんから渡してもらい、身の回りのものや好きなものをめいめい買ってくる。

村松さんは言語障害があるにもかかわらず、近所の居酒屋で一杯やって予算オーバー、家をまちがえて帰れなくなったこともある。言葉が十分通じず、身ぶり手ぶりで注文する彼に、酒を出し、つけにしてくれたうえで代金も書いて持たせてくれる。この街の人たちの暖かい理解も、彼らの生活がしっかりと地域にとけこんできている証であろう。

彼らは、市の山側の登り口をひらいてつくられた道立太暢の園での長年の生活から、ぞくぞくと街に降りてきた。「障害者も地域であたりまえの生活を」今でこそあたりまえのノーマライゼーションの思想が、ここでは20年近く前から実践されてきた。

あたりまえの生活。これはたんに理念的な権利を保障するにとどまらない。援助するさまざまな人びとのかかわりのなかで、彼らは、園の中だけでは獲得できなかったと思われる働く力、生活する力を着実に身につけてきているのである。

太陽の園での実践記録の分析による彼らの発達の姿

寮でリーダー格の金子さんは、視力が弱く手足にもかなりのマヒがあり、体力的には不安のある青年であった。もともと責任感は強く、仲間をよく先導して作業をすすめるが、仲間とのトラブルを必要以上に考えこんでしまう

第6章　発達に困難をかかえた人の生涯発達を保障する地域生活支援の事例と課題　183

ことも多く精神的浮き沈みが大きいタイプだった。そうした彼も花祭りのマラソン（3km）、洞爺ロードレース（6km）等に参加することにより、体力的にも精神的にも徐々に自信をつけてきた。

　こうして力をつけた園生は、職員の空き公宅を利用した生活実習に入る。簡単な文章の読み書きのできる彼は、新聞や本を読むこと、計画的な金銭のやりくりなどを徐々に身につけ、生活に自信をもちはじめる。そしていよいよ街のグループホームでの実習に入る。このころから、園での鶏糞処理等の作業も以前にみられた気分のムラがあまりみられず、作業、生活に対しての意欲、活力、社会に対する関心も高まり、礼儀作法も身についてきたようである。今でも寮の4人のリーダーとして期待されることにはかなり精神的負担を感じているようではある。しかし、養鶏場での仕事を続け、自分の力で普通の生活ができること、これが彼にとって何よりの自信であり喜びであることが言葉からうかがえる。

　村松さんは18歳の入園当初は、衣類の前後表裏の区別、排泄処理も不十分な状況で、精神薄弱者更生施設重度棟の第二青葉学園で生活していた。しばらくは、集団からもはずれがちで隅で静かにしていることのほうが多く、好不調がはっきりとしていた。しかし、10年、15年の園生活の中で徐々に社会性を身につけていく。

　お金の種類はわからないが、実際の使用はできるようになり、電話の受け答えもある程度できるようになって、自信をつけてくる。簡単な食事も作れるようになってきた。公宅実習で小遣いも少しずつ使うことを覚え、言葉にも自信をつけてきた。精神薄弱者更生施設重度棟から、長期在園者のための希望ヶ丘学園を経て地域生活へ。まさに、20年の歳月をかけての三段飛びである。

　明るくてひょうきんなところのある岡田さんは、園の畜産の仕事時代は仲間の前では萎縮してしまい、気が弱くて主体性に欠けると評価されることもあった。どなって大声をあげたり、興奮気味だったりしたこともあったが、徐々に落ち着いてきた。ときどきいやなことを言われると腕力に訴えたり、聞こえているはずなのに返事をしなかったりすることもあったようだ。しかし、公宅実習、地域生活とステップを踏んでいくなかでしだいに落ち着きを

みせてきた。

　現状の生活に満足しがちで自主的な生活向上意欲がみられにくいという評価のあった彼であるが、生活立て直しのための希望ホームでの生活は彼にとっての大きな正念場であっただろう。

　てんかんの薬を飲んでいる小林さんは、学園では林産科で働いていた。当時は仕事の選り好みが多く、動作も緩慢で集中力に欠けていた。社会に対しての関心は高かったが、買い物はすべてに職員の手助けが必要だった。作業する心がまえ、意欲は10年くらい前から徐々に身についてきたようだ。そして、公宅実習を経て街での生活実習へ。このころから。困っていることなどを自分から言いに来る、自分がしたいこと、してほしいことを伝えられるようになるなど生活に対する積極性もでてきた。日曜日は、部屋の掃除や海岸へ散歩に出るなど自分の時間を有効に使うことも身につけてきた。

　このように、何十年にもわたる施設内での実践のなかでも徐々に彼らは成長している。しかも、そこで蓄えた力は、地域生活をはじめることにより本来の生きる意欲、働く意欲へと大きく花開いていく。こうした彼らの成長する姿、生きる喜びを目のあたりにするからこそ、長くて辛抱強い援助を必要とする取り組みが成功しているのだろう。

20年にわたる地域支援の実践が　グループホーム制度のモデルとなる

　学園では、職員の公宅を彼らの地域生活のための訓練の場として位置づけ、使用している。これは、彼らが地域生活を行なう力、仲間との関係を見極めるうえで欠かせないものになっている。しかし、はじめた当初は、道からのクレームがつき、当局との「論争」があったようだ。もちろんノーマライゼーションの思想などまだ日本にはほとんど定着していなかった時代である。

　職場開拓、アフターケア、公宅実習の援助、住宅確保、世話人さんの募集、援助。日々の施設での実践の上にこうした援助の取り組み。サラリーマン的発想では、とてもついていけない。「障害者だって地域であたりまえに暮らせないわけがない」——この素朴な発想を唯一の武器に道なき道を少しずつ切り開いていった。こうして徐々にできあがったのが、障害者が日本でもっともたくさん地域で暮らしている街、伊達市である。

伊達市は、農業を基幹産業としながらも、水産業、商工業等の中小規模の作業場がバランスよく発展している。隣りの鉄の街室蘭からは独立して１つの商業圏を形成し、鉄鋼不況の影響もほとんどなく、どこの職場もこじんまりと安定している。農産物出荷場、水産加工場、リネン工場、大手スーパー、畜産場、園芸農家、養鶏場、自動車解体工場等、多様な職場で障害者が働いている。ここが、倒産の多い零細工場で働くことの多い都市の障害者就労と異なる。職員の献身的努力が実を結んだ一因として、こうした地域の状況も見逃すことはできない。このように、伊達市の障害者の地域生活は、彼らが働き生活する場のさまざまな人びとの援助のネットワークによって支えられている。

約20年かかってつくられた、他ではみられない「あたりまえの姿」がようやく国の施策をも動かした。1989年から制度化されたグループホームの制度は、おおかたこの街をモデルにつくられたといわれている。きっかけは、慶応大学教授の浅野史郎元宮城県知事が、厚生省の役人として北海道庁に出向していたときにこの伊達市を訪れ、のちに厚労省障害福祉課長となられ、わが国初のグループホームづくりに尽力した結果だと言われている。

成人期の障害者の生涯発達は、こうした地域でのきめ細かな生活支援のネットワークが作られてこそ実現できるものである。ともすれば、地域生活支援は、現在の障害者の生活の問題のみに目を奪われがちであるが、かれらの生涯にわたるライフサイクルや人間的成長を見通した長期的展望にもとづく支援が今、求められているのではないだろうか。

2．生涯発達を支援するためのケアマネジメントと生涯発達支援の課題

（1）ケアマネジメント技法の成立過程

発達に困難をかかえた人は、就学前から保育所、幼稚園、療育施設、医療機関など多様なサービスを必要とし、学校就学後も生活支援のための多様な在宅サービスを利用することが想定される。そして学校卒業後も生涯にわたって地域で豊かな生活を送るためにも多様なサービスを長期的に利用する

必要がある。そのため、現在介護保険や障害者福祉などで採用されているケアマネジメントの技法が、乳幼児期から導入されることが有効であろうと考える。

ケアマネジメントの技法は、1960年代のアメリカにおいて、多様な社会問題に対する対策のために開発された多様なサービスプログラムを統合的に供給するため、1970年代の半ばから、ケースマネジメントの用語で普及していった。そして、1974年の「発達障害者法」でこの技法が優先的サービスとして推奨され、1978年の「発達障害者の訓練と人権」の宣言では、発達障害児のケア計画を組む時に、ケースマネジャーを導入することが義務付けられた。さらに、1980年の精神保健福祉法でもケースマネジメントが法的に位置づけられることになった。

一方イギリスでは、1980年代にアメリカの影響を受けてケント大学でケースマネジメントの実験的プロジェクトが行われたが、90年代になると、政府文書や法においてケアマネジメントという用語が用いられるようになった。その理由は、①「ケース」は個人を軽蔑する用語であって誤解のもとになること、②マネジメントされるのはケアであり、人間ではないことに注意すべきことを強調するため、である。

多様な機関で多様に実施されているアメリカのケースマネジメントと異なり、イギリスのケアマネジメントは、1990年の国民保健サービスおよびコミュニティケア法によって法的に制度化され、1993年から実施されている。そして1995年には全国的な指針が示され、地方自治体の社会サービス部が主として高齢者や障害者を対象として実施している。

我が国においても2000年から介護保険制度が実施され、「要援護者やその家族がもつ複数のニーズと社会資源を結びつける」ことを目的たした介護支援サービスとしてケアマネジメントの技法が導入され、2005年に成立した障害者自立支援法でも個別支援計画を立てるための技法として位置づけられることとなった。

（２）ケースマネジメント（ケアマネジメント）の２つのモデル

　副田（1997）は、アメリカのケースマネジメントの発展過程のなかでオースティンが分類した「サービス指向のケースマネジメント」と「システム指向のケースマネジメント」、ケインの「クライエントの権利代弁・擁護を強調するアプローチ」と「資源配分を強調するアプローチ」、ローズによる「利用者指向モデル」と「サービス提供者指向モデル」等を参考にして、「利用者指向モデル」と「システム指向モデル」の２つのモデルという呼称を提起し、紹介している（図6-1、図6-2）。

　利用者指向モデルは、面接技術を用いて利用者との対話を行い、その過程で得られた情報をもとにそのニーズを総合的にアセスメントする。そして、その結果に基づいて利用者が各サービスの利用資格要件を満たしているかどうかを確認する。そして、その確認に基づいて諸サービス利用のプランを利用者とともに立てて、多様なサービス供給機関の担当者との連絡調整や交渉を行い、利用者が多様なサービスを使えるよう仲介的な役割を果たす。もし、利用者が諸サービスの利用要件を満たしているにもかかわらず、サービスの不足やサービス供給機関側の不当な理由でサービスが供給されない場合、あるいは供給されても制限的なものでしかない場合には、ケースマネジャーは、利用者の代弁者としてサービス供給機関にそのサービス利用の権利を訴えたり、サービス利用ができるよう交渉する。

　すなわちこのモデルでは、利用者の諸サービス利用の権利の実現のために諸機関のサービスを調整、仲介すると同時にサービス利用の権利が不当な理由によって実現されない場合は権利代弁・擁護を行うことがケースマネジャーに期待される。このモデルは、精神障害者や知的障害者、発達障害者などの発達に困難をかかえた人たちのケアの領域において、より重視されているモデルである。

　一方、システム指向モデルは、1980年代以降に高齢者の長期ケアの分野で採用が目立つようになってきたモデルで、高費用のかかる医療による長期ケアから福祉を中心とするケアへ、しかもできるだけ費用を抑制したケアへと、長期ケアの資源配分をコントロールする新しいサービス供給管理システムとしてのモデルである。このモデルでは、①サービス供給に関する一定枠の予

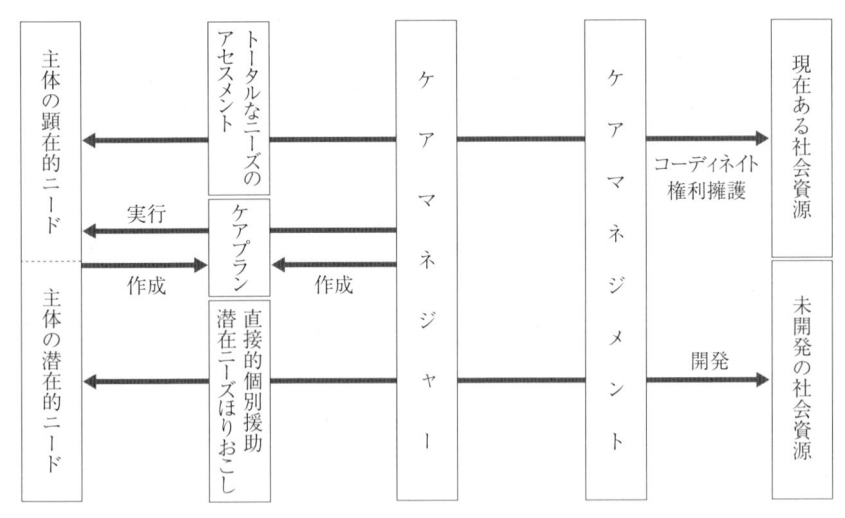

```
主体の顕在的ニード ←―調査―― システムに基づくスクリーニング ←――― ケアマネジャー ←――アレンジ―― サービスパッケージのシステム ←―システム化― 現在ある社会資源
主体の潜在的ニード ―選択→ スクリーニングに基づいてパッケージ化されたケアプラン
              ←―提供―
              ―消費→
```

図6-1　利用者指向モデルによるケアマネジメント

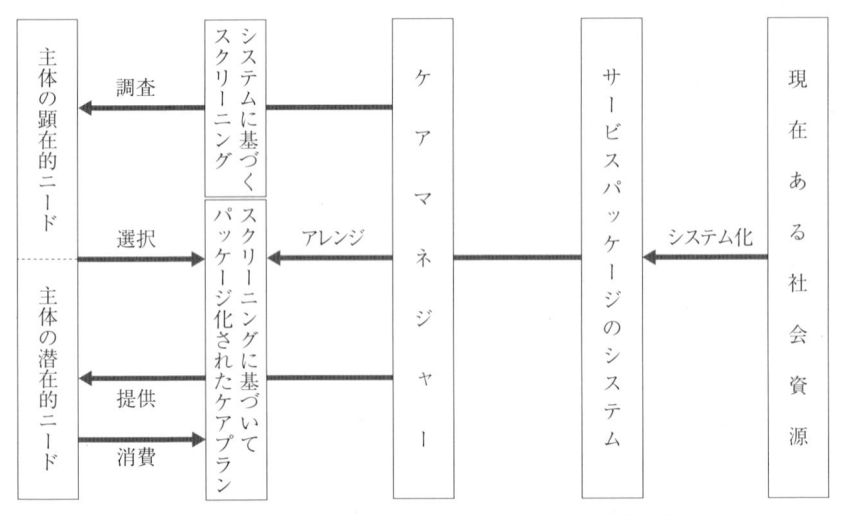

出典：高橋実　2000「生涯発達をめざしたケアマネジメント」『福山市立女子短期大学紀要第26号』

主体の顕在的ニード ← トータルなニーズのアセスメント ← ケアマネジャー → ケアマネジメント → コーディネイト 権利擁護 → 現在ある社会資源

実行 ← ケアプラン ← 作成
作成 →

主体の潜在的ニード ← 直接的個別援助 潜在ニーズほりおこし

開発 → 未開発の社会資源

図6-2　システム指向モデルによるケアマネジメント

出典：高橋実　2000「生涯発達をめざしたケアマネジメント」『福山市立女子短期大学紀要第26号』

算執行権限をケースマネジャーに委譲する、②援助対象者を絞り込むためのスクリーニングのシステム、③ニーズの内容や量に対するサービスの種類・供給量の標準化、パッケージ化、④退院計画策定の義務づけ、といったシステムや方略を採用する。我が国における介護保険法や障害者自立支援法が採用したモデルは、このシステム指向モデルであると考えられる。

（3）生涯発達支援を援助目標とするケアマネジメント技法のモデル化に向けて

ケアマネジメントを利用者指向モデルにもとづいて実施するとき、目標となるのは、利用者ひとりひとり充実した人生をまっとうすることができるということであろう。そのためには、利用者が主体的にそのサービスを選択し、利用し、生活を立て直すとともに、自己実現をはかることに結びつかなければ、サービスが供給者の方からいくら一方的に与えられたとしても、目標を達成することができない。また、その自己実現は、短期的な支援ではありえず、長期に渡る継続的な支援を必要とする。

そうした支援を行っていくためには、人間の生涯にわたる心的な変遷過程の共通性と個別性とに対する知識と理解が必要不可欠であろう。高橋（1998）は、国民の長寿化とともに戦後のライフサイクルに大きな変化が起こり、ひとりひとりが生涯をどのように生きるのか、その人生の質（ＱＯＬ）が問題になってきていることを指摘した。そして、発達心理学の分野においても、①長い人生の成人期・老年期にあたる60年を個人の時間の流れの中で扱う学問が必然的に求められるようになってきたこと、②人生のどの時期を生きる人々も自らの生き方に自覚的になってきたこと、③世代関係が大きく変化し、子育てを終えてもなお、子どもとの関係、親との関係を継続しなければならない現実が生じてきたこと、などの理由から人間の発達を生涯過程で考えようという気運が1990年代以降高まってきたことを報告した。

生涯発達心理学においてもっとも注目されているのは、生涯にわたる人間の自己の変遷過程であろうと思われるが、利用者指向モデルにもとづくケアマネジメントにおいても究極的には利用者の自己実現を支援することであり、その目標にむけた支援を行うためには、一般的な人間の自己の変遷過程についての見通しが是非必要であろう。したがって、利用者指向モデルにもとづ

くケアマネジメントに生涯発達心理学の知見や考え方を導入することには十分意味があると思われる。

しかし、現状では、生涯発達に関する実証的研究も始まったばかりであるし、ケアマネジメントの技法においても利用者の生活支援のニーズに対する支援技法の検討がなされ始めた段階であり、長期的な心の支援も含めた生活支援の技法としての理論化にまでは至っていないのが現状である。そこで、これまでの生涯発達心理学の実証的知見や考え方を紹介し、それを基礎にしたケアマネジメント技法の理論化をはかる端緒にできるモデルを提起してみたい。

(4) 人間の生涯過程を視野に入れた場合の発達概念

発達概念は、これまで、児童・青年期を中心に検討されて来たため、能力の獲得過程と同等の概念としてとらえられがちであった。しかし、生涯発達を想定した場合には、これまでの発達観の変更を迫られるいくつかの観点が存在する。その観点について筆者なりに整理してみると次のようになる。

①能力の獲得と喪失とを含み込んだ主体の変遷過程として捉えるということ、②個人の変化の過程だけでなく、世代間の関係の変化や家族構造、生活構造の変化をも視野に入れた心理的過程や身体的機能の変化の過程を捉える必要があるということ、③人生の長期的過程の中で、その人が生きてきた時代の社会的価値の変化やその世代共通の歴史的事件（例えば戦争）、④その人独自の大きな体験（例えば、大病）が人生に与えた影響について文脈論的に考察することが必要不可欠であるということ、⑤生活体験のなかで培われた成人期・高齢期における個別性は、児童期に比べて非常に大きなものであるが、そのなかにある人間としての共通性も実証的に確認されてきており、その両者を弁証法的に把握するなかに人間発達の真の姿が見出されるということ、⑥そのため、これまで考えられていたような特定の方向の発達ゴールを想定しないで、多方向への発達（機能的側面、時間的側面、価値的側面を含む）を同時・併存的に考えること、などである。

また、従来の発達理論の多くがとっていたように、発達を質的な構造の発展過程というように構造主義的にとらえた場合、生涯発達は、人間の生涯に

わたる生活や心理的過程の安定した構造の「破れ」から一時的な混乱を経て再び新しい構造ができていく構造の更新のプロセスとして捉えることはできる。しかし、ピアジェをはじめとする発達理論においては、子どもの認識の発達の側面を中心に理論構築がなされ、ユング、エリクソンをはじめとする精神分析学の潮流は、人間の生涯発達過程を問題にしてきたが、いずれも自我の発達の側面を中心に理論構築がなされてきた。今後の新しい、生涯発達理論の構築のためには、認識能力を含む諸能力の側面と自我の側面との両側面を含み込んだ理論が必要なのではないかと考える。

そして、筆者が本論で問題にしているように、生涯発達理論をケアマネジメントの援助目標の指標として利用しようと考える場合、ビューラー、C.（1968）がかつて実証的研究に基づいて明らかにしたように、人間は、すべて人生の充実、自己実現を目指す本質的目的指向性をもった存在であり、生涯発達はそれを目指して人間が生きていく過程であるという前提に立つ理論であることも必要不可欠の条件であろうと考える。また、田中らが重度の障害児の発達を保障するための理論として構築した理論のような、認識の発達と自我の発達との相互関係を視野に入れた発達観が発達に困難をかかえた人の生涯発達支援には有効である。

そこで、筆者なりに人間の生涯発達過程を主体のシステムと世代性に注目してモデル化したものが図6-3である。主体は、他者との相互関係の中で、客体的自己を形成するとともに諸能力を形成（維持・喪失も含む）する。それらは同時に、身体的成長、老化、傷病に伴う身体的状態にも影響を受け、相互に関連しあっている。これを主体システムと呼ぶことにする。主体システムは、家族などの生活基盤（単身家族の増加が近年の特徴であるが、その場合はパートナーとの関係が別の近親者との愛情関係・利害関係として生じると考えられる）を支えにして存在すると同時に世代間で影響しあいつつ、相互に成長していく。そしてまた、主体システムの生活基盤は、社会的体制、社会情勢、経済的条件によって支えられている。同時にその時代及びその地域の文化や価値観に影響を受けながら、年齢を重ね、世代交替も進んでいく。それと平行して社会情勢、制度、価値も変化していく。また、主体システムは、自らの過去と未来の展望にも影響されつつ、自己の有り様を変化させて

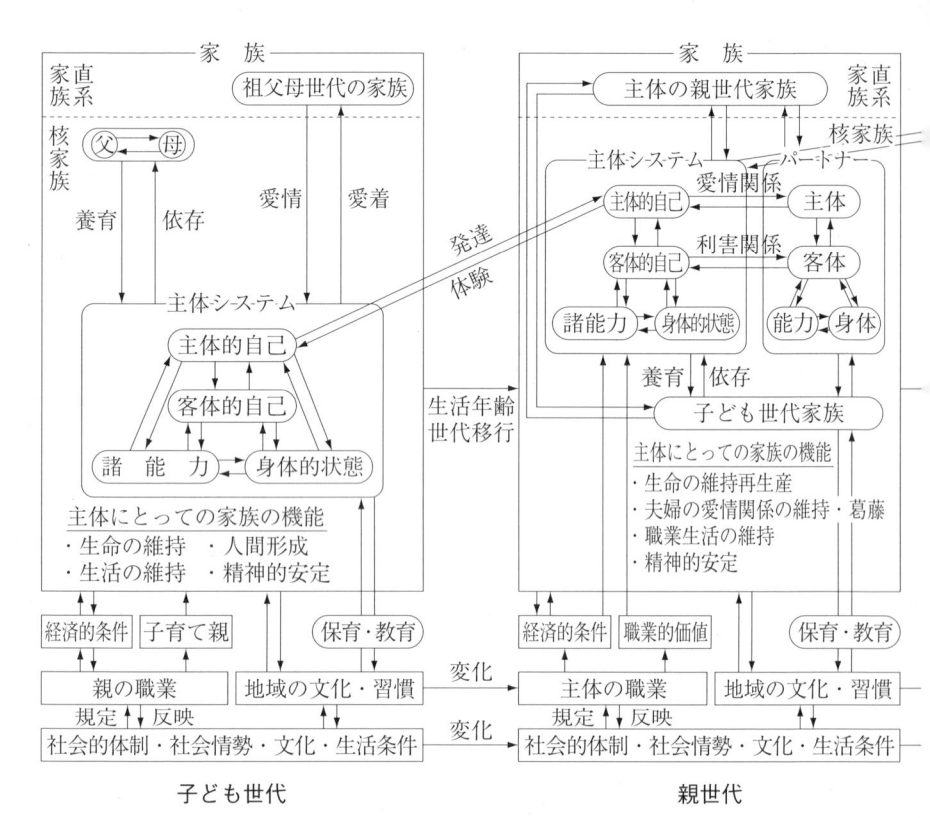

出典：高橋実 2000「生涯発達をめざしたケアマネジメント」『福山市立女子短期大学紀要第26号』

図6-3 主体システムの生涯発達に関する仮説的モデル

いく。変化の過程では、主体の有り様は、多様な方向に進むが、トータルな指向性は、人生の充実、自己実現を目指している。

（5）生涯発達支援を目的としたケアマネジメントとアセスメント

　主体がなんらかの支援を必要とする状態とは、図6-3の主体システムまたは、それを支える生活基盤のシステムに何らかの問題が生じた場合である。その場合、問題が生じた要因は、システムとして他の条件と相互に関連しているため、その要因と関連して問題が生じているシステム全体の条件を総合

第6章　発達に困難をかかえた人の生涯発達を保障する地域生活支援の事例と課題　193

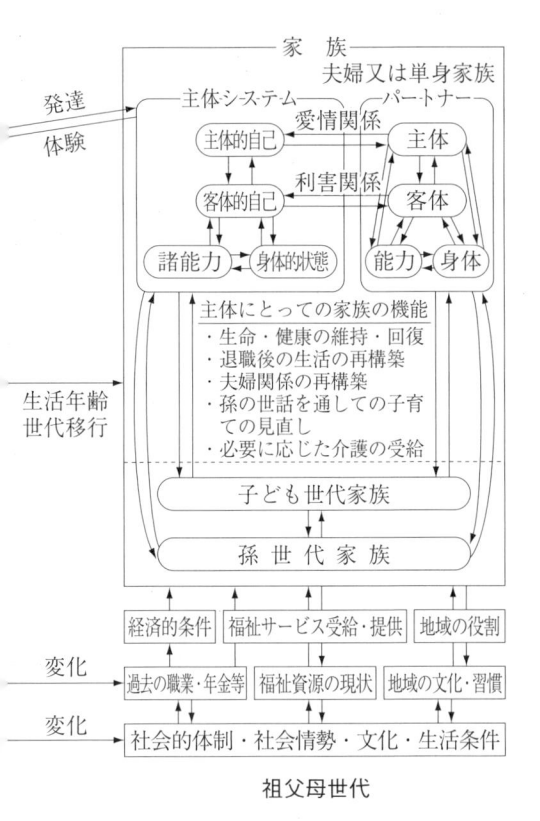

```
                    ┌──── 家　　族 ────┐
                         夫婦又は単身家族
        ┌─ 主体システム ──┬── パートナー ─┐
発達        ┌─────┐  愛情関係  ┌────┐
体験 →     │主体的自己│←──────→│ 主体 │
            └─────┘           └────┘
            ┌─────┐  利害関係  ┌────┐
            │客体的自己│←──────→│ 客体 │
            └─────┘           └────┘
            ┌───┐ ┌────┐  ┌──┐ ┌──┐
            │諸能力│ │身体的状態│  │能力│ │身体│
            └───┘ └────┘  └──┘ └──┘
        ┌─ 主体にとっての家族の機能 ─┐
        │ ・生命・健康の維持・回復      │
生活年齢  │ ・退職後の生活の再構築        │
世代移行→│ ・夫婦関係の再構築            │
        │ ・孫の世話を通しての子育       │
        │   ての見直し                  │
        │ ・必要に応じた介護の受給       │
        └────────────────┘
            ┌──── 子ども世代家族 ────┐
            └──── 孫 世 代 家 族 ────┘

       ┌─────┐┌──────────┐┌─────┐
       │経済的条件││福祉サービス受給・提供││地域の役割│
       └─────┘└──────────┘└─────┘
変化 → ┌─────┐┌──────┐┌──────┐
       │過去の職業・年金等││福祉資源の現状││地域の文化・習慣│
       └─────┘└──────┘└──────┘
変化 → ┌──────────────────┐
       │社会的体制・社会情勢・文化・生活条件│
       └──────────────────┘
                   祖父母世代
```

的にアセスメントする必要がある。

　そして、支援者であるケアマネジャーは、主体と共同して支援を必要としている条件（ニーズ）を明確にする。ケアマネジャーは、さまざまな社会資源のなかからニーズにあったサービスを探し出し、マネジメントし、再び主体との共同でケアプランを作成する。それとともに、未開発の社会資源を開発したり、直接的個別援助や権利擁護を必要に応じて行う。そして、主体自らが主体システムを修復し、新しい主体システムを再構築するのを見守るとともに再びアセスメントを行い、支援の効果とあらたなニーズの有無につい

て再確認する。こうした過程を必要に応じて長期的に行い支援していく。

そして、生涯発達支援の観点に立った場合のアセスメントとして重視すべき点は、つぎのような点である。

①主体の獲得したあるいは、失った能力を自己の育ちとも関連させ、長期的な見通しの中でとらえるとともに、人格的な成長を促す、教育的な支援を行う。

②主体の自己実現を生涯過程の中でとらえ、主体の達成感や生きがい、将来の展望や願いについて共に考えつつ支援を行う。そのため、主体のライフヒストリーをできるだけ詳しく把握すると同時に、ライフイベントの主体にとっての意味づけを共同しておこなっていく。

③主体が生きてきた時代背景、社会情勢の変化、過去の重要な個人的体験と現状との関係を適切に把握する。

④世代間の相互関係の変化を過去から未来にかけての時間的展望の中で把握する。

⑤主体の生活の危機を主体システム及びそれを支える生活基盤のシステムの問題としてとらえ、両システムの問題を総合的にアセスメントする。そして主体と共同してケアプランを作成し、主体自らがシステムを再構築していくことを支援する。

⑥長期的視点に立った、事例研究を地域の支援機関が共同で行い、それぞれの地域で、生涯的支援過程の展望をもつ。

実際のケアマネジメントにおいては、様々な生活ニーズをきめ細かくアセスメントし、社会資源をマネジメントし、適切に利用できるようコーディネイトするわけであるから、それだけで非常に多くの時間と労力を費やすことになると思われる。　したがって、ともすれば、その時点のみのサービスをマネジメントすることで完結してしまう可能性がある。しかし、真の意味でのケアマネジメントには、その長期的継続性に本来の技法の特長があるものと考える。したがって、生涯発達支援を目的としたケアマネジメントのアセスメントは、主体の生活の現時点での生活の広がりと主体の人生の時間軸に沿った長期的展望とを人生の充実・自己実現をめざして生きている過程として統合的に把握し、地域の協同による支援の土壌を形成することを目標とす

る必要があると考える。

（6）個別支援計画と個別の教育支援計画に関する課題

　ケアマネジメントの技法は、障害者自立支援法においても介護保険法と同様に位置づけられたが、介護保険法のように独立したケアマネジャー（介護支援専門員）はおかず、研修を受けた指定相談支援事業所のサービス管理責任者が行う業務として位置づけられている。しかもケアマネジメントによる個別支援計画作成費が支給されるのは、①入所・入院から地域生活へ移行するため、一定期間、集中的な支援を必要とする者、②単身で生活している者（家族が要介護状態であるため等、同居していても適切な支援が得られない者を含む。）であって、自ら福祉サービスの利用に関する調整を行うことが困難であり、計画的な支援を必要とする者、③重度障害者等包括支援の対象者の要件に該当する者のうち重度訪問介護等他の障害福祉サービスの支給決定を受けた者、という3つの基準を満たしていなければならず、限られた障害者のみの制度に限定されている。また個別の支援計画をサービス利用計画と呼んでいることから、明らかにシステム指向型のケアマネジメントであり、利用者のニーズに基づいて新しい社会資源を開発、開拓するようなソーシャルアクション機能や、障害者の人格発達を促すようなコミュニケーション支援機能などは、想定されていない。

　一方、教育の分野では、「今後の特別支援教育の在り方について（最終報告）」（文部科学省、2003年）の参考資料として「個別の教育支援計画」の作成が推奨されている。「個別の教育支援計画」は、「障害のある児童生徒の一人一人のニーズを正確に把握し、教育の視点から適切に対応していくという考えの下、長期的な視点で乳幼児期から学校卒業後までを通じて一貫して的確な教育的支援を行うことを目的とする。また、この教育的支援は、教育のみならず、福祉、医療、労働等の様々な側面からの取組が必要であり、関係機関、関係部局の密接な連携協力を確保することが不可欠である。他分野で同様の視点から個別の支援計画が作成される場合は、教育的支援を行うに当たり同計画を活用することを含め教育と他分野との一体となった対応が確保されることが重要である。」とされている。

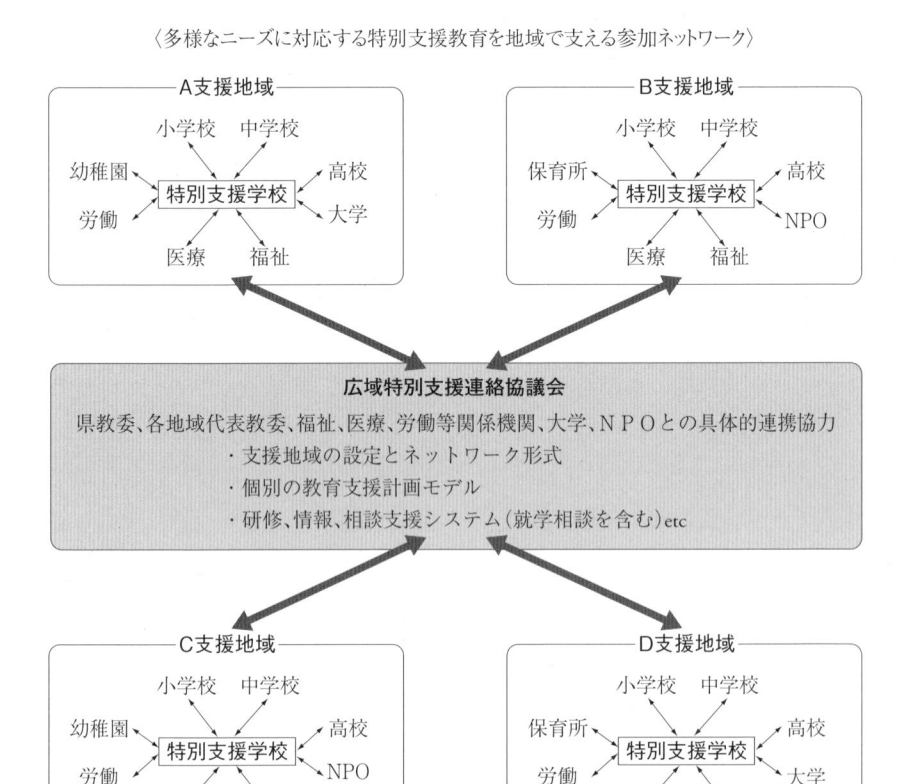

〈多様なニーズに対応する特別支援教育を地域で支える参加ネットワーク〉

```
┌─── A支援地域 ───┐           ┌─── B支援地域 ───┐
│   小学校 中学校   │           │   小学校 中学校   │
│ 幼稚園        高校 │           │ 保育所        高校 │
│     特別支援学校   │           │     特別支援学校   │
│ 労働              │           │ 労働         NPO   │
│   医療  福祉      │           │   医療  福祉      │
└─────────────────┘           └─────────────────┘
           ↖                              ↗
        ┌────────── 広域特別支援連絡協議会 ──────────┐
        │ 県教委、各地域代表教委、福祉、医療、労働等関係機関、大学、NPOとの具体的連携協力 │
        │  ・支援地域の設定とネットワーク形式         │
        │  ・個別の教育支援計画モデル               │
        │  ・研修、情報、相談支援システム（就学相談を含む）etc │
        └─────────────────────────────────────────┘
           ↙                              ↘
┌─── C支援地域 ───┐           ┌─── D支援地域 ───┐
│   小学校 中学校   │           │   小学校 中学校   │
│ 幼稚園        高校 │           │ 保育所        高校 │
│     特別支援学校   │           │     特別支援学校   │
│ 労働         NPO   │           │ 労働         大学  │
│   医療  福祉      │           │   医療  福祉      │
└─────────────────┘           └─────────────────┘
```

※地域ごとの特別支援連携協議会の設置も考えられる

出典：文部科学省ホームページ「特別支援教育の在り方に関する調査研究協力会議2003年3月28日答申 今後の特別支援教育の在り方について（最終報告）参考資料5」より抜粋

図6-4 広域特別支援連絡協議会と特別支援連絡協議会の概念図

　学齢期に福祉、医療、労働と連携して作成するのが「個別の教育支援計画」であり、就学前や就学後に立てられるのが、「個別の支援計画」であるが、地域の他領域の分野と連携して、長期的な支援の計画を立てるという意味では、両者は同じ機能をもつ計画であると考えられる。特別支援教育の分野においては、「今後の特別支援教育の在り方について（最終報告）」（文

部科学省、2003年）の中で、「広域特別支援連絡協議会」と地域ごとの「特別支援連絡協議会」（図6-4）の設置構想が提起され、2003年度から2004年度のモデル事業、2005年から2006年の「特別支援教育体制推進事業」をへて、2007年度から本格実施されている。

　福祉の分野では、障害者自立支援法施行規則を受けた厚生労働省2006年の告示（木全　2008年）により、「地域自立支援協議会」の設置が促され、障害者福祉サービスの提供施設と特別支援教育に携わる教育機関とが連携して、困難事例に対する情報交換、対応の協議、調整、地域資源の開発等についての協議が各地域で行われ始めている。そういう意味では、前述したソーシャルアクション的機能はこの協議会が担う可能性があると考えられる。

　このように、さまざまな課題はありながらも、福祉と教育との連携による発達に困難をかかえた人の生涯発達を視野に入れた「個別の支援計画」の策定と、それにもとづく、ケアマネジメントあるいは生涯を見通した教育的支援の体制づくりは、今まさに始まろうとしている段階にあると思われる。福祉領域における在宅支援の機能と教育における人格発達支援の機能とが、融合し、発達に困難をかかえた人の生涯にわたる豊かな発達が保障される実践が日本全国で展開されていくことを願ってやまない。

3．障害者の権利条約と発達に困難をかかえた人の発達権の保障

（1）国連による障害者権利条約の採択と発効

　2006年12月、「障害者権利条約」が国連で採択された。そして2008年5月、20カ国の批准により、権利条約が発効した。これは、世界の長年にわたる人権意識の発展を背景としている。1948年、第二次世界大戦の惨禍の反省のもと世界人権宣言が採択され、1966年には、2つの「国際人権規約」が採択された。障害者分野では、1971年に「精神遅滞者権利宣言」がなされ、1975年には「障害者権利宣言」が採択された。そして1980年には国際障害者年が設定され、1982年には、「障害者に関する世界行動計画」が採択され、「障害者の10年」といわれる長期行動計画が実行されてきた。そして世界行動計画の

10年を引き継ぐ形で、「アジア太平洋障害者の10年」(1993年〜2002年)「第2次アジア太平洋障害者の10年」(2003年〜2012年)が設定され現在に至っている。世界の他の諸国においても「アフリカ障害者の10年」(1999年〜2009年)、「アラブ障害者の10年」(2003〜2012年)、「ヨーロッパ障害者年」(2003年)などが設定され各国での取り組みが行われてきた。

こうした世界の取り組みを受け、2001年の国連総会でメキシコ大統領が障害者権利条約の必要性について演説をし、これを受ける形で国連のアドホック委員会(特別委員会)がつくられ、約5年にわたる議論の末に国連に提出されたという経過がある。

(2) 日本の批准に向けた動向と課題

障害者権利条約の批准に向けた日本政府の動向については、2009年3月に公定訳が公表され、2009年1月5日に召集された通常国会中に批准承認を得る予定で、自公政権は障害者関連の全国組織12団体で構成される日本障害者フォーラムに打診したところ、国内の抜本的法改正を行わない段階での批准に対して、強い反発があり、閣議決定を見送った。その後7月21日の衆議院解散に伴う、8月30日の衆議院議員総選挙において、民主党を中心とする新政権が誕生したため、仕切り直しての議論が始められている。

2009年は障害者基本法と障害者自立支援法の見直しの時期にあたっており、「障害の定義」や「障害者の範囲」の見直しや障害者自立支援法の抜本的な見直し、障害者差別禁止法(仮称)の制定の問題などが、批准に向けた検討課題として議論されようとしている。また教育分野の検討課題としては、インクルーシブな教育の在り方をめぐって議論がなされようとしている。

第二次世界大戦後、大きく発展してきた発達に困難をかかえた人を含めた障害者の人権と発達と生活保障の問題は、今大きな転換期を迎えようとしている。この大きな転機が当事者、関係者の参加を伴う十分な議論の末に、発達に困難をかかえた人を含めた障害者が生涯を通じて、自らの可能性を発達させ、豊かに暮らせる社会へと発展していくことを願ってやまない。

参考文献

木全和己　2008『安心して豊かに暮らせる地域をつくる』全障研出版部、p.84。

高橋　実　2000「生涯発達をめざしたケアマネジメント」『福山市立女子短期大学紀要第26号』pp.61-69。

高橋　実　1990「明日の生活共同体をめざして──北海道伊達市の場合①」『みんなのねがい　No.269』全障研出版部、pp.66-72。

玉村公二彦・中村尚子　2008『障害者権利条約と教育』全障研出版部。

おわりに

　本書は、筆者が1983年に障害者の問題にかかわりはじめてから四半世紀の間に体験した諸問題や研究の成果をまとめたものである。まとめてみると個人的に体験してきたことや考えてきた課題は、戦後の日本の障害者問題の発展過程と密接に関連していることを痛感した。

　1983年は国際障害者年の行動計画が実施され始めた時期であり、日本もバブルの時代を迎えて絶頂の時期にあった。そして1990年代バブルの崩壊とともに日本の福祉や教育、医療の予算が大幅に削減されていき、小泉首相による構造改革、世界大恐慌の影響で、格差から貧困の時代へと変わっていった。

　しかし、このことを契機に我が国初の本格的な政権交代がおこり、福祉や教育の問題も、基本的な考え方が大きく変わろうとしている。このことを受けて、発達に困難をかかえた人たちもふくめた障害者の福祉と教育の制度やしくみや権利保障の在り方も障害者権利条約の批准にむけた議論のなかで、大きな転換期となろうとしている。

　筆者が最初にかかわった成人期の障害者施設で見出した生涯発達保障の観点は、いままさに我が国の障害児者にかかわる人たちの共通の目標として浮上してきているのではないかと思われる。本書がその発展にささやかながらも寄与するものになれば幸いである。

　本書の刊行にあたっては、福山市立女子短期大学学長の安川悦子先生の強い励ましと御計らいとともに東洋大学大学院の森田明美先生、杉田記代子先生、明星大学大学院の諏訪きぬ先生、そして同僚の田丸尚美先生、田中浩司先生たちの温かい助言に助けられたところが非常に大きい。ここに記して篤く感謝の意を表したいと思う。

　また、掲載論文の共同執筆者である、瀬川直子さん、上田征三さん、平沼博将さん、森由利子さん、前川千秋さん（掲載順）には、貴重な共同研究をさせていただく機会を得ることができた。さらに編集にあたっては、御茶の水書房の橋本社長ならびに編集担当の橋本育さんの粘り強い励ましなしには完成しなかった。あわせて感謝の意を記しておきたい。

2009年10月30日　　　　　　　　　　　　　　　　　　　　高橋　実

(資料)

障害者自立支援法

障害者が地域で安心して暮らせる社会の実現をめざします

はじめに

障害保健福祉施策は、平成15年度からノーマライゼーションの理念に基づいて導入された支援費制度により、飛躍的に充実しました。
しかし、次のような問題点が指摘されていました。

① 身体障害・知的障害・精神障害といった障害種別ごとに縦割りでサービスが提供されており、施設・事業体系がわかりにくく使いにくいこと

② サービスの提供体制が不十分な地方自治体も多く、必要とする人々すべてにサービスが行き届いていない（地方自治体間の格差が大きい）こと

③ 支援費制度における国と地方自治体の費用負担のルールでは、増え続けるサービス利用のための財源を確保することが困難であること

こうした制度上の課題を解決するとともに、障害のある人々が利用できるサービスを充実し、いっそうの推進を図るために、障害者自立支援法が制定されました。

障害者自立支援法のポイント

① 障害の種別（身体障害・知的障害・精神障害）にかかわらず、障害のある人々が必要とするサービスを利用できるよう、サービスを利用するための仕組みを一元化し、施設・事業を再編

② 障害のある人々に、身近な市町村が責任をもって一元的にサービスを提供

③ サービスを利用する人々もサービスの利用量と所得に応じた負担を行うとともに、国と地方自治体が責任をもって費用負担を行うことをルール化して財源を確保し、必要なサービスを計画的に充実

④ 就労支援を抜本的に強化

⑤ 支給決定の仕組みを透明化、明確化

障害のある人々の自立を支えます

障害者自立支援法による、総合的な自立支援システムの全体像は、自立支援給付と地域生活支援事業で構成されています

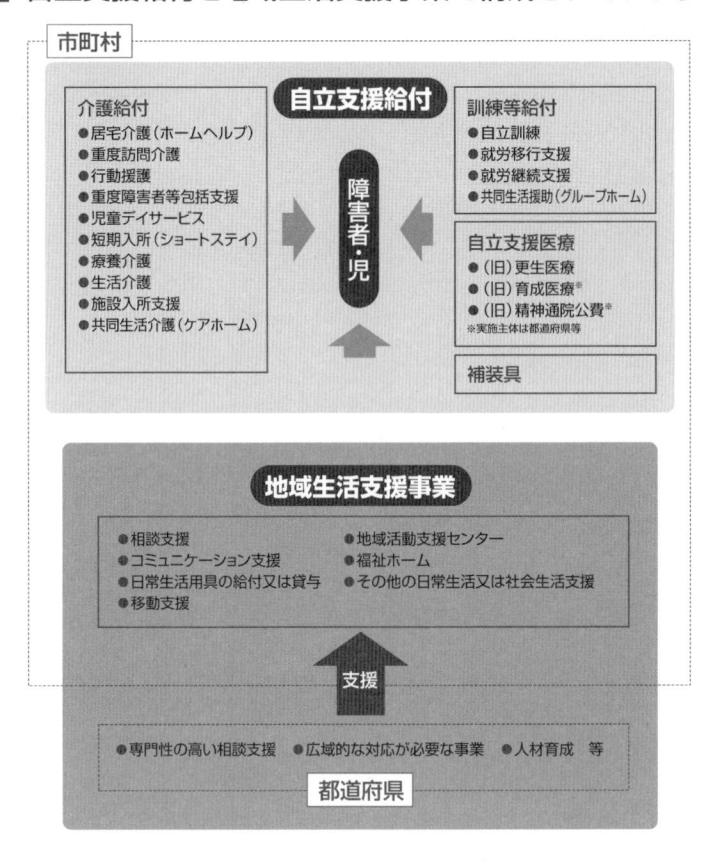

市町村

自立支援給付

介護給付
- 居宅介護（ホームヘルプ）
- 重度訪問介護
- 行動援護
- 重度障害者等包括支援
- 児童デイサービス
- 短期入所（ショートステイ）
- 療養介護
- 生活介護
- 施設入所支援
- 共同生活介護（ケアホーム）

訓練等給付
- 自立訓練
- 就労移行支援
- 就労継続支援
- 共同生活援助（グループホーム）

自立支援医療
- （旧）更生医療
- （旧）育成医療※
- （旧）精神通院公費※

※実施主体は都道府県等

補装具

→ 障害者・児 ←

地域生活支援事業
- 相談支援
- コミュニケーション支援
- 日常生活用具の給付又は貸与
- 移動支援
- 地域活動支援センター
- 福祉ホーム
- その他の日常生活又は社会生活支援

↑ 支援

都道府県
- 専門性の高い相談支援
- 広域的な対応が必要な事業
- 人材育成　等

出典：全国社会福祉協議会ホームページ　http://www.shakyo.jp/anniversary/index.htm

著者紹介

高橋　実（たかはし　みのる）

　1958年　岡山県生まれ
　1981年　信州大学人文学部心理学専修課程卒業
　1983年　筑波大学大学院教育研究科修了（障害児教育専攻）後、東京都杉並区立杉並
　　　　　生活実習所心理技術職
　1993年　杉並区退職後、京都大学教育学部研究生となり、大阪府立精神薄弱者更生相
　　　　　談所心理判定員（非常勤）、大阪府内保健所発達相談員を兼務
　1995年　大阪府堺市東部作業所生活指導員
　1997年　福山市立女子短期大学保育科講師
　2001年　同助教授
　2003年　放送大学客員助教授（同大学客員教授、2008年3月まで）
　2007年　福山市立女子短期大学教授　となり、現在に至る

資格・関心研究テーマ
　　臨床心理士　社会福祉士
　　障害者の生涯発達及びその支援のための教育・福祉システムの研究

著書
　『ソーシャルワークを学ぶ』学文社（2001年、共著）、『第三版　児童福祉を学ぶ』
　学文社（2002年、共著）、『実践子ども家庭福祉論』中央法規（2004年、共著）、『高
　齢者・障害者の心理』学芸図書（2005年、共著）、『障害者福祉の現状・課題・将
　来』倍風館（2006年、共著）、『子ども家庭福祉の扉』学文社（2009年、共著）、『第
　二版　よくわかる障害児教育』ミネルヴァ書房（2009年、共編著）他

発達に困難をかかえた人の生涯発達と地域生活支援
　　――児童の福祉と教育の連携のために――

2010年2月28日　第1版第1刷発行

　　　　　　　　　　編　著　者　　高　橋　　　実
　　　　　　　　　　発　行　者　　橋　本　盛　作
　　　　　　　　　　発　行　所　　株式会社　御茶の水書房
　　　　　　　　　　〒113-0033　東京都文京区本郷5-30-20
　　　　　　　　　　　　　　　　電話　03-5684-0751

Printed in Japan　　　　　　　　　　　　印刷／製本　㈱タスプ

ISBN978-4-275-00883-1　C3036

●脳性マヒ児の教育に独創的な新理論を提示！
改訂新版 静的弛緩誘導法
立川 博 著(元 筑波大学附属桐が丘養護学校教諭)　Ａ５判・290頁(本体2200円＋税)

脳性マヒ児の教育に、すばらしい独創をもたらした著者が、初版以来２年間の研究開発の成果を収録した改訂新版。特別支援教育現場の先生やお母さんたちに贈る書。

●立川博講演集 第１集
教育としての静的弛緩誘導法
立川 博 著　Ａ５判・312頁(本体2400円＋税)

●立川博講演集 第２集
子育てとしての静的弛緩誘導法
立川 博 著　Ａ５判・260頁(本体1600円＋税)

母と子の静的弛緩誘導法
――楽しく子育てをするために――
静的弛緩誘導法研究会 編　Ｂ５変・160頁(本体2000円＋税)

日本における保育実践史研究
――大正デモクラシー期を中心に――
髙月 教惠 著　Ａ５上製・300頁(本体3200円＋税)

御茶の水書房